ANDRÉ BUENO

DAOÍSMO E CONFUCIONISMO
As Religiões da China

Lafonte

Brasil · 2021

Título – Daoismo e Confucionismo
Copyright © Editora Lafonte Ltda. 2021

Todos os direitos reservados.
Nenhuma parte deste livro pode ser reproduzida por quaisquer meios existentes sem autorização por escrito dos editores e detentores dos direitos.

Direção Editorial **Ethel Santaella**
Organização e Revisão **Ciro Mioranza**
Diagramação **Demetrios Cardozo**
Imagem de capa **Fidart / Shutterstock**

Dados Internacionais de Catalogação na Publicação (CIP)
(Câmara Brasileira do Livro, SP, Brasil)

```
Bueno, André
    Daoismo e confucionismo / André Bueno. --
São Paulo : Lafonte, 2021.

    ISBN 978-65-5870-098-2

    1. China - Religião 2. Confucionismo - China
3. Taoísmo - China I. Título.

21-65709                              CDD-299.51
```

Índices para catálogo sistemático:

1. Religiões de origem chinesa   299.51

Cibele Maria Dias - Bibliotecária - CRB-8/9427

Editora Lafonte
Av. Profª Ida Kolb, 551, Casa Verde, CEP 02518-000, São Paulo-SP, Brasil - Tel.: (+55) 11 3855-2100
Atendimento ao leitor (+55) 11 3855- 2216 / 11 – 3855 - 2213 – atendimento@editoralafonte.com.br
Venda de livros avulsos (+55) 11 3855- 2216 - vendas@editoralafonte.com.br
Venda de livros no atacado (+55) 11 3855-2275 – atacado@escala.com.br

Impressão e Acabamento
Gráfica Oceano

ÍNDICE

05	**Introdução**
09	**Práticas religiosas na China antiga**
12	As crenças na época Shang (1600?-1027 AEC)
13	O Período Zhou (1027-221 AEC)
16	A força dos rituais
17	A presença ancestral *(Jingzu)*
19	O Livro das Mutações *(Yijing)*
21	As crises éticas e políticas do século VI AEC
23	Dao (Tao), o 'Caminho'
25	**O Daoísmo**
25	O início do Daoísmo
27	A filosofia de Laozi
28	A natureza original *(Ziran)*
28	Não-agir *(Wuwei)*
29	Daoísmo, os 'Caminhantes'
30	A religião do Dao *(Daojiao)*
33	Vida após a morte
35	Divindades
41	Rituais e cerimônias

42	Sacerdotes e médiuns
44	Uma crença especial: a busca pela imortalidade
46	Alquimia externa *(Waidan)* e interna *(Neidan)*
50	Uma vasta literatura
53	As artes daoístas
57	**Confucionismo**
57	Uma religião inventada
59	Confúcio, o grande mestre do passado
60	Educação, o pilar das mudanças
63	As cinco virtudes sociais constantes *(Wuchang)*
63	As três qualidades internas *(Sangang)*
64	A busca da sabedoria
65	A Escola dos acadêmicos *(Rujia)*
69	A 'Religião' ou o 'Ensino' dos acadêmicos *(Rujiao)*: o que pode ser religioso no Confucionismo?
70	A questão fundamental da vida após a morte
72	Céu *(Tian)*, a divindade primordial
75	Ritos *(Li)*
78	Templos confucionistas
80	As fontes para conhecer o Confucionismo
87	**Daoísmo e Confucionismo na atualidade**
92	**Referências Bibliográficas**

INTRODUÇÃO

Desde a antiguidade, a China é uma das maiores civilizações do mundo; e ainda assim, sabemos muito pouco sobre sua cultura e tradições. Mesmo vivendo em uma época globalizada, em que as informações estão à nossa disposição, seguimos desconhecendo como os chineses vivem, pensam e no que acreditam. Mesmo em pleno século XXI, ainda estamos envoltos em lendas e fantasias no que diz respeito às crenças chinesas e a suas concepções sobre o sagrado.

Nosso livro nasce dentro do espírito de mitigar esse profundo desconhecimento que temos sobre as religiões na China. Suas tradições, crenças e ideias serão o objeto de estudo deste volume, e veremos como essas religiosidades, além de ancestrais, desafiam nossa maneira de conceber o mundo, revelando-nos concepções próprias sobre espiritualidade, divindade e sagrado.

Para isso, faremos o seguinte roteiro: vamos fazer uma pequena introdução histórica sobre o surgimento das crenças chinesas, notadamente a religião popular, conhecida também como *Religião dos Espíritos* (*Shenjiao*). Surgida em algum momento do passado mais remoto, ela foi fundamental para estruturar as principais linhas do pensamento místico chinês, suas ideias sobre vida após a morte e suas divindades principais. Veremos, a seguir, como a China viveu um momento importante de transformação no século VI AEC[1], quando grandes sábios como Laozi e Confúcio revolucionaram a ética e a vivência sobre o sagrado.

Faremos então uma apresentação sobre o Daoísmo, importante escola filosófica que se uniria à *Religião dos Espíritos* para se tornar a mais expressiva manifestação das ideias religiosas chinesas. Examinaremos seu desenvolvimento histórico, suas crenças, divindades, autores e fontes fundamentais, além de teorias particulares – como foi o caso dos estudos em alquimia ou em geomancia.

A seguir, analisaremos a complexa história do Confucionismo, doutrina cujas teorias e conceitos desafiam nossa forma tradicional de encarar as religiões. Surgida pelas mãos de Confúcio, essa poderosa escola de sabedoria foi capaz de influenciar a vida social e política do Extremo Oriente, guardando aspectos que nos levam a refletir sobre o quanto ela é uma religião – ou não. Veremos

---

[1]. Utilizaremos AEC = Antes da Era Comum e EC = Era Comum, em vez de A.C. e D.C. Essas siglas vêm sendo empregadas como forma de respeito às religiosidades não cristãs.

um pouco de sua história, suas ideias e sua relação com o sagrado, que nos ajudarão a compreender a originalidade das percepções chinesas.

Por fim, apresentaremos um breve quadro sobre a situação atual do Daoísmo e do Confucionismo, em face dos desafios do mundo globalizado e das mudanças políticas na esfera chinesa. Faremos ainda algumas sugestões bibliográficas em português, que poderão auxiliar na longa e enriquecedora caminhada para conhecer melhor as religiões chinesas.

Uma boa leitura!

1 PRÁTICAS RELIGIOSAS NA CHINA ANTIGA

Para iniciar nossa viagem no mundo das religiões chinesas, é necessário primeiro que retornemos ao passado, para conhecer um pouco melhor o contexto histórico em que elas surgiram. A China é uma das civilizações mais antigas do mundo, e suas expressões religiosas se desenvolveram num passado bastante remoto. Os textos históricos chineses nos informam que as tradições míticas dessa civilização surgiram de forma muito semelhante à de várias outras culturas no mundo. As primeiras comunidades, ainda nos tempos que chamamos de pré-históricos, acreditavam no que hoje chamamos de *'Religião dos Xamãs'* (*Wujiao*), '*Religião dos Espíritos*' (*Shenjiao*) ou ainda '*Caminho dos espíritos*' (*Shendao*), um conjunto de crenças que propunham que o mundo material – também chamado de 'Mundo da Mutação' ou de 'Tudo abaixo do Céu' – era uma cópia do mundo espiritual, onde habitavam as divindades e os espíritos de seres vivos (nesse caso, para os chineses, não apenas humanos, animais e vegetais, mas todas as manifestações na matéria, como no caso de rochas, da água, do vento, etc.).

A vida no mundo material seria regida pelo ciclo das estações e pela intercessão das divindades no nosso mundo. Havia Deuses representando todas as forças e símbolos da natureza, como o sol, a lua, as estrelas, as árvores, os animais e as manifestações das forças naturais como o trovão, o vento, a água e o fogo. Igualmente, alguns seres vivos (humanos e animais) poderiam, por alguma razão mágica, transformar-se em seres espirituais poderosos, que protegiam suas comunidades e se tornavam divindades menores (algo parecido com os 'Santos' como conhecemos). Os espíritos que não estavam encarnados podiam igualmente interferir no cotidiano, ajudando ou prejudicando as pessoas encarnadas. A maneira de entrar em contato com esses espíritos era por meio do Xamã, a principal figura religiosa que existia nessas antigas comunidades (entre os nossos indígenas, o Xamã é conhecido pelo nome tupi de 'Pajé'). Xamãs – masculinos ou femininos – eram especialistas em contatos com o mundo espiritual, atuando como curandeiros e preservadores das tradições religiosas. Em caso de doenças estranhas, situações de calamidade na comunidade ou da necessidade de previsões, o Xamã procurava entrar em contato com o mundo espiritual por meio de um transe mediúnico, buscando esclarecimento, orientações ou processando a cura espiritual. Ele também coordenava e dirigia a realização dos rituais que pudessem trazer novamente harmonia para dentro da comunidade.

Gradualmente, esse processo de interação com o mundo espiritual foi se desenvolvendo e se tornando cada vez mais complexo e diversificado. Além dos xamãs, os chineses também desenvolveram práticas independentes de consultar oráculos, principalmente por meio do uso de ossos de animais e carapaças de tartaruga. Eles acreditavam que os espíritos que podiam interferir na vida material podiam também transmitir mensagens através desses métodos mágicos. O meio mais conhecido de fazê-lo era escolher um material ósseo (em geral bovino ou caprino), com superfície mais larga ou carapaças de tartaruga, e escrever nela uma previsão positiva e uma negativa; a seguir, feitas as invocações usuais, se inseria um bastão aquecido nessas superfícies, e a espiritualidade atuaria sobre ela, conduzindo a rachadura em direção a uma das previsões gravadas, decidindo o sentido da consulta.

A questão oracular significou algo bastante importante para a civilização chinesa, visto que a própria escrita se desenvolveu para construir as mensagens e para registrar os resultados hauridos da espiritualidade. Assim, se compreendia a escrita como uma estrutura simbólica que havia surgido para entrar em contato com o mundo espiritual e, consequentemente, ela exprimia símbolos, ideias e imagens que representavam essas forças naturais e suas ações, fomentando o surgimento do que hoje nós podemos chamar de 'conceitos'.

As crenças na época Shang (1600?-1027 AEC)

Em torno dos séculos XVI-XV AEC, durante a chamada dinastia Shang, essas crenças se desenvolveram em direção a um sistema religioso bem organizado, capaz de uniformizar suas tradições e ritos. As ideias religiosas da época eram um claro desenvolvimento das concepções xamânicas anteriores, que foram absorvidas e transformadas em uma série de cultos regulares por parte das elites. A maior parte das cerimônias não eram feitas por sacerdotes, mas eram simplesmente executadas por oficiais escolhidos pelos soberanos, que não precisavam ser especialistas. Os Xamãs continuaram a existir, atendendo suas comunidades como médiuns e curandeiros, mas sem dispor da mesma representatividade que já haviam tido.

Um aspecto marcante do período Shang foi a prática de sacrifícios humanos. De acordo com as ideias correntes sobre o mundo espiritual, acreditava-se na vida após a morte; e por isso – dentro de uma lógica cruel para nossos olhos de hoje, mas coerente com a época – quando um Nobre falecia, vários de seus auxiliares eram sacrificados, para continuar a servi-lo no mundo espiritual. Encontramos em várias tumbas desse período não apenas os restos mortais do defunto, mas dezenas de esqueletos de serviçais e familiares. Muitos sacrificavam também seus animais preferidos, como cavalos e cães, além de uma grande quantidade de objetos de uso pessoal.

Esse mundo espiritual tinha um nome, que se consolidou nas tradições chinesas: *Terra das Primaveras Amarelas*. As tradições Shang mostram a continuidade da crença nas forças da natureza, consideradas suas divindades primordiais, e na intercessão do mundo espiritual no material. Foi nesse momento, igualmente, que começa a se estruturar e consolidar a ideia fundamental, na mentalidade chinesa, da preservação das tradições e dos rituais que serviriam para dar ordem e manter a harmonia da civilização, doravante chamados de 'Li'. Esse conceito será crucial para a continuidade da cultura chinesa: 'Li' compreenderá todo o conjunto de ritos, crenças, hábitos, costumes que permeiam o funcionamento da sociedade, e se transformará em um importante objeto de disputa entre pensadores e políticos.

O período Zhou (1027-221 AEC)

Uma mudança significativa nesse quadro acontecerá quando, em torno dos séculos XII-XI AEC, a civilização dos Shang será substituída pela dinastia Zhou, que modificará muitas das crenças e tradições existentes no mundo chinês. O primeiro costume – e talvez o mais significativo – a ser abandonado gradualmente foi o dos sacrifícios humanos, que pouco a pouco são substituídos por estátuas e oferendas. No imaginário chinês, as reproduções humanas (em bronze ou em cerâmica) poderiam servir ao falecido no lugar dos servos sacrificados, agindo como autômatos espirituais. Essa era uma ideia fantástica: em vez de usar humanos, os chineses começaram a acreditar que uma estátua de barro poderia ser usada como um robô espiritual no mundo dos espíritos, evitando assim que outros seres humanos encarnados fossem vítimas dos rituais sanguinolentos praticados desde a época Shang.

Outro elemento que influiu profundamente na transformação desse mesmo imaginário foi o surgimento da crença numa estrutura ecológica que administraria todo o universo, e que os chineses chamavam de *Céu* (*Tian*). A palavra *Céu* em chinês tem vários sentidos diferentes: ela pode ser usada simplesmente para designar o céu que olhamos de nossa janela, pode ser usada para significar o dia em que estamos (Hoje, Ontem, Amanhã) ou ainda, pode significar um profundo e complexo conceito que representa todas as relações ecológicas existentes na natureza. O *Céu* não parece ser uma entidade específica ou pessoal, mas sim, um sistema inteligente, anterior a toda a criação, e que determinava as regras pelas quais deuses, seres humanos, as criaturas da natureza e os próprios ciclos naturais devem funcionar em harmonia.

Há uma grande discussão entre os especialistas se essa ideia de *Céu* poderia representar um Deus monoteísta ou não, mas até agora não se chegou a uma conclusão a respeito. Os chineses continuaram a acreditar e a realizar suas oferendas e sacrifícios para os deuses existentes, entendendo que eles estavam mais próximos de interceder na vida cotidiana.

A mais famosa dessas divindades era o *Senhor do Céu, Senhor do alto* ou ainda *Soberano de Jade*, que no mundo espiritual controlava as atividades de todos os outros deuses, de uma forma muito semelhante à que conhecemos, por exemplo, no mundo grego ou indiano. Essa vasta e inumerável corte celeste se relacionava com o mundo material através de eventos e fenômenos da natureza, e respondia às súplicas dos fiéis por meio das oferendas e sacrifícios que eram realizados para obter seus favores. Os mais poderosos deuses da corte celeste foram aqueles surgidos diretamente do Céu – mas seu processo de cosmogênese também é desconhecido. Os deuses que representam as forças da natureza, os pontos cardeais e os astros parecem ser os mais antigos; gradualmente, surgiram divindades que personificam ideias e anseios humanos: deuses protetores da justiça, do amor, da guerra ou do conhecimento surgiriam para consolidar uma face humana no sagrado, e os deuses locais, surgidos dos espíritos de seres humanos poderosos, se incorporaram a essa vasta plêiade, cujo número de personagens se conta aos milhares.

Para atender tanto a essas divindades como às necessidades de cunho social, um vasto conjunto de rituais foram consolidados num corpo litúrgico, atendendo aos mais diversos aspectos da vida. Eles eram chamados de *Li*, e deveriam ser seguidos, proporcionando uma existência harmônica para os seres. Eles previam rituais que acompanhavam o nascimento, a inserção dos jovens no mundo adulto, cerimônias de casamento, de luto, procedimentos diplomáticos, regras de cortesia, alimentação, comportamento, manutenção de crenças religiosas, calendário de festividades (oficiais e populares) e os sacrifícios (aos ancestrais, às divindades, às estações e aos soberanos). Essa vasta relação de normas cobria os mais diversos aspectos da vida dos chineses, alcançando todas as camadas sociais e determinando suas posições hierárquicas diante de uma orientação de cunho religioso.

De fato, os chineses aparentemente se dedicavam mais aos rituais do que à própria especulação sobre como o universo teria surgido, ou sobre como funcionaria o relacionamento com o mundo espiritual. Os xamãs continuavam a existir, atendendo às demandas do povo, mas as preocupações dos intelectuais se dirigiram em outras direções.

A força dos Rituais

A dinastia Zhou deu especial atenção à manutenção dos rituais e sacrifícios, cujo objetivo principal era o de manter a ordem e a coesão social. Fazia sentido: a dinastia Zhou organizara-se em um sistema político e administrativo que hoje poderíamos chamar de 'Feudalismo Chinês'. A dinastia havia dividido as suas vastas terras em vários territórios menores, administrados por nobres similares aos barões, marqueses, viscondes e duques, que ficavam muitas vezes brigando entre si, provocando inúmeros conflitos e tensões dentro do próprio mundo chinês. Os Zhou esperavam que a execução e manutenção dos ritos permitissem a eles interferir na convivência entre os nobres, estabelecendo a ordem e uma convivência mais pacífica e harmônica. Muito provavelmente, por essa razão, é que foi nessa dinastia que o conceito de 'Céu' foi utilizado para fundamentar o chamado *Mandato Celeste* (*Tianming*). O *Mandato Celeste* consistia na teoria de que o Céu 'designava' a administração da ordem cósmica no mundo a uma determinada pessoa, o Imperador. A palavra utilizada nessa época para designar o soberano era *Wang*, ideograma que representava uma pessoa que realizava a conexão entre o céu, o povo e a terra. Ou seja, esperava-se que o monarca chinês fosse capaz de impor alguma ordem ao mundo, administrando conflitos, defendendo a sociedade e cuidando para que houvesse a harmonia entre a civilização humana e a natureza.

A presença ancestral (Jingzu)

Na escala macrocósmica, o soberano cuidava do mundo; no microcosmo, a unidade familiar era responsável por reproduzir a ideia de ordem emanada do alto, de forma hierarquizada e consoante às necessidades econômicas e políticas da sociedade. As famílias estavam sob a direção do imperador e dos nobres que dominavam suas terras; mas havia ainda um aspecto fundamental nesse sistema, a supervisão espiritual dos ancestrais.

Como vimos, os espíritos podiam influenciar nas questões do mundo material, ou mesmo, inspirar os mortais em suas ações e esforços. Quando alguém morria, a parte consciente do ser – seu espírito ou 'alma individual' (*Hun*)– ia para as *Terras das Primaveras Amarelas*, enquanto que uma 'alma material' (*Po*), que deveria existir somente junto com o corpo físico, era reabsorvida pela terra. Acreditava-se que quando os rituais funerais não eram bem executados, 'Po' poderia permanecer vagando pela superfície, tornando-se um fantasma (*Gui*). Era uma 'imagem' do defunto que continuaria a repetir suas impressões e gestos finais, de maneira automática. Para exorcizá-los, era necessário fazer os sacrifícios corretamente e, às vezes, pedir a intercessão de xamãs, que terminavam o processo de desintegração de 'Po'. Quanto ao espírito consciente e individualizado, 'Hun', esse poderia se tornar uma divindade menor (*Shen*)[2]. Os chineses acreditavam que os espíritos dos ancestrais familiares permaneciam conectados aos lares de seus descendentes, atuando de forma benfazeja e protetora. A extensão dos poderes desses espíritos variava bastante, de acordo com a força de seus caracteres morais e inteligência. Por essa razão, a prática do 'Culto aos Ancestrais' se transformou em um dos principais elementos das práticas religiosas chinesas. Dentro de cada

---

2. Shen é um termo polissêmico, usado tanto para Divindades quanto para Espíritos; também é usado para designar alguém que, após morrer, é divinizado (em um processo similar ao dos santos cristãos).

casa existia um altar, contendo uma tabuleta com o nome do espírito ancestral, ao qual eram feitas oferendas de alimentos. Era o espaço especial e sagrado de encontro, onde eram feitas preces e invocações para que os ancestrais viessem ao lar trazer suas orientações e avisos importantes por meio de inspirações, sonhos ou sinais naturais.

Os espíritos dos ancestrais estavam submetidos, em seu mundo, a uma hierarquia celeste, na qual as divindades maiores cumpriam o papel de serem os governantes; desse modo, o mundo espiritual e o material funcionavam de maneira sincrônica, sendo um espelho do outro. As noções de poder, hierarquia, ordem cósmica e moralidade eram cobertas tanto pelas ações das estâncias políticas materiais quanto pela supervisão dos espíritos, que cuidavam para que suas famílias se conduzissem de forma apropriada e contribuíssem para a harmonia do mundo. Por essa razão, o Culto aos Ancestrais estava intimamente estabelecido no seio da sociedade, cumprindo uma função religiosa e política.

O Livro das Mutações (Yijing)

Em paralelo com a crença nos deuses, outro aspecto desenvolvido nessa época foi a reflexão sobre os problemas da vida e da natureza, concentrando-se na observação dos padrões e das leis naturais. Esse longo processo, realizado por uma série de sábios antigos e desconhecidos, cristalizou-se no surgimento do *Livro das Mutações* (*Yijing*), obra fundamental para a estruturação do pensamento chinês

O Livro das Mutações pretendia explicar, por meio de símbolos, como funcionavam as estações do ano, as leis da natureza, os fenômenos de manifestação espiritual e as tendências de transformação das coisas materiais. As coordenadas básicas de manifestação da matéria se dariam pelos conceitos *Yin* e *Yang*, que explicavam como as coisas existiam por um sistema de oposição complementar. Partindo dessa ideia, algo só existiria se houvesse seu 'contrário', alguma coisa que o definisse por analogia ou inversão. Por exemplo: sabemos o que é luz pela escuridão, o que é alto pelo que é baixo, o que é rápido pelo que é moroso, o que é quente pelo que é frio, e assim sucessivamente. Essas definições não eram completamente fechadas, mas buscavam orientar uma maneira de olhar o mundo e a realidade.

Assim, *Yin* e *Yang* funcionariam como uma espécie de 'Zero-Um' (como o 'bit' dos nossos computadores) e a partir deles, se construiriam imagens cada vez mais complexas sobre os movimentos da natureza. Inicialmente, *Yang* foi representado como um traço contínuo, e *Yin* como um traço partido. Os chineses começaram a combinar esses traços em sequências, primeiro formando sequências de três linhas (trigramas, ou 'Gua') e depois de seis (hexagramas, ou 'Tuan') com linhas *Yin* e *Yang* combinadas. Quem consultar o *Livro das Mutações* verá que os trigramas representam imagens da natureza (Céu, Terra, Trovão, Vento, Água, Fogo, Montanha, Lago) e os hexagramas formam conjunto de sessenta e quatro movimentos, eventos ou situações naturais que influenciam a vida humana.

O *Livro das Mutações* surgiu como um manual de ciência primitiva, que pretendia explicar o mundo de forma sistematizada. A confiança dos chineses na capacidade do livro em desvendar os movimentos da natureza acabou fazendo com que ele se transformasse, ao longo do tempo, em um instrumento augúrico, inferindo tendências e desfechos para situações do mundo cotidiano – e hoje, ele é conhecido principalmente por isso, sendo divulgado mais como oráculo do que como obra filosófica.

As crises éticas e políticas do século VI AEC

Como podemos observar, os chineses compartilharam de um sistema de crenças comum, que apresentava práticas politeístas bem desenvolvidas, um conceito estruturante de funcionamento ecológico do mundo (o 'Céu'), uma ideia corrente de contato com o mundo espiritual e a fusão entre essas crenças e a teoria política de que o império deveria ser administrado por meio de um representante do Céu, que era a figura do Imperador, e pelo culto aos ancestrais. Contudo, em torno do século VIII, a dinastia Zhou sofreu com os mais diversos tipos de problemas. Além de invasões externas, que forçaram inclusive a mudança da capital imperial em 771 AEC, as guerras entre os Estados foram crescendo numa escalada sem precedentes, e muitos nobres se distanciaram cada vez mais da figura imperial, o que significava que a China estava se dividindo em territórios cada vez mais autônomos e independentes. Esse processo, embora lento e gradual, tornava-se cada vez mais claro para as gerações daquela época. No século VI AEC, havia uma profunda sensação de decadência e de falência total dos ritos e das instituições na vida comum, percebida entre vários pensadores da sociedade chinesa. Uma escalada de corrupção, violência, abandono dos costumes e o sentimento de incapacidade da dinastia Zhou em restaurar a ordem no mundo criaram um ambiente generalizado de insegurança. A sucessão de conflitos incontroláveis entre os Estados fez com que a China entrasse praticamente num estado de fragmentação total, em vias de uma guerra civil completa e absoluta.

Esse período seria marcado pelo surgimento de várias escolas de pensamento, preocupadas em criar algum tipo de resposta para os problemas que estavam acontecendo. A insatisfação com o clima de abandono da civilização fez com que um grande número de autores se debruçasse sobre as origens da crise chinesa, e de como ela poderia ser resolvida. Na história chinesa, é o período conhecido como 'Época das Cem Escolas', dado o grande número de autores e propostas que pretendiam restaurar – ou mesmo recriar – a ordem no mundo chinês.

Dao (Tao), o 'Caminho'

É nessa época que começa a se desenvolver o uso da palavra *Dao* (numa grafia mais antiga e conhecida, '*Tao*') como um conceito fundamental no pensamento chinês. A palavra, que possui vários sentidos, indicava originalmente 'Caminho' ou 'Método'. Ela foi resgatada para representar as propostas de cada um desses pensadores, suas ideias e seu sistema de reforma. Cada Escola de pensamento dessa época tinha seu próprio '*Dao*', que consistia em um conjunto de ideias básicas, um programa de ações e um método de reforma. Por isso, não podemos estranhar, quando lemos qualquer texto daquela época, que os autores usem tão extensamente a palavra '*Dao*' em seus escritos. Cada um queria vender seu método, e acreditava que ele seria o melhor para solucionar as crises que se desenrolavam.

Em 481 AEC, quando a guerra civil eclodiu de forma aberta e inevitável, o rolo compressor da violência fez desaparecer a maioria desses pensadores, salvando apenas os mais representativos e influentes para a posteridade. Foi o período do '*Estados Combatentes*', quando sete estados – Han, Zhao, Qin, Wei, Chu, Qi e Yan – engoliram todos os outros, formaram seus próprios 'reinos' e partiram para uma luta aberta pela supremacia, numa série de batalhas e campanhas que duraria até 221 AEC, e só terminaria com a reunificação da China pela nova dinastia Qin (221-206 AEC). Nessa época marcada pela violência, perseguições e um infindável jogo de estratégias, a sobrevivência das escolas de pensamento dependeu exclusivamente do quanto elas podiam contribuir, efetivamente, para a solução dos problemas. Uma delas, por exemplo, foi a *Escola das Leis* (*Fajia*), que defendeu a necessidade de um Estado autoritário e centralizador como o '*Dao*' para impor a ordem no mundo, e foi uma das principais artífices da reunificação da China imperial. Outra delas foi a *Escola de Mozi* (*Mojia*), autor do século V AEC, que defendia uma espécie de comunismo primitivo, baseado na paz universal e numa vida simples e comunitária – mas para isso, seria preciso aniquilar as elites e acabar com a cultura tradicional, geradora das desigualdades sociais e do ambiente de corrupção e violência, ideia que permaneceria guardada no imaginário das populações rurais do país. Foi ainda a época em que surgiu a *Escola dos Estrategistas* (*Bingjia*); seu representante mais proeminente, Sunwu (conhecido por nós como 'Sun tzu'), elaborou o manual sobre como a guerra deveria ser o principal instrumento de transformação política, e de como a violência poderia ser usada para instaurar o equilíbrio de poder entre os Estados.

O século VI AEC traria à luz, porém, as duas principais escolas de pensamento que iriam modificar decisivamente a história da China, e que foram capazes de suplantar todas as outras em força e durabilidade, atravessando os milênios e moldando, até os dias de hoje, a cultura dessa civilização. *Daoísmo* e *Confucionismo* são os dois grandes nomes da antiguidade chinesa, e que começaremos a apresentar, em detalhes, a partir de agora.

2 O DAOÍSMO

O início do Daoísmo

Em algum momento do século VI AEC, um desconhecido – às vezes chamado de 'Li Er' ou 'Li Dan', mas ninguém sabe ao certo – cansou-se da vida de bibliotecário da corte Zhou, e resolveu partir. Ao longo de seus anos de trabalho, teve bastante tempo para ler de tudo sobre sua civilização, sua história, costumes, tradições... Mas aquele passado fantástico tinha pouca relação com o que ele observava em seus dias. O império estava decadente, as pessoas não respeitavam mais as leis e os ritos, e a sociedade mostrava uma artificialidade impressionante, tentando manter as aparências antes de uma violenta explosão.

Numa época em que as pessoas buscavam oportunidades, a atitude de 'Li Er' soava bastante estranha. Ele abandonou um emprego tranquilo e estável no início de uma tempestade, e não parecia nem um pouco arrependido do que tinha feito; abriu mão de uma grande honraria, que era servir a casa dinástica de Zhou, para perambular pelos campos e florestas em busca de uma vida sossegada. Para alguns, ele havia ficado doido; para outros, sua atitude corajosa e desprendida mostrava que sabia alguma coisa diferente, havia descoberto algo especial que os outros não entendiam – enfim, ele podia ser alguém que buscamos, muitas vezes em nossas vidas, para nos orientar – um sábio.

E foi assim que 'Li Er' passou a ser chamado de Laozi, o 'Velho Sábio', um dos mais antigos e importantes mestres chineses que conhecemos, cuja vida continua misteriosa e cheia de lacunas. Sima Qian (145-85 AEC), historiador que escreveu sua primeira biografia, apresenta um retrato fragmentário do sábio, informando que, depois de sair do palácio de Zhou, ele passou algum tempo ensinando até decidir ir embora de vez da China. Quando saía do portão oeste da cidade, um guarda chamado Yinxi o teria reconhecido e suplicou que, antes de partir, lhe deixasse escritas algumas palavras de sabedoria. A história nos conta que nesse momento Laozi refletiu um pouco, e pôs-se a escrever os oitenta e um poemas que compõem o *Daodejing* (O *Livro do Caminho e da Virtude*); no dia seguinte, após deixar sua obra nas mãos de Yinxi, foi embora na direção do oeste e desapareceu.

Essa história semilendária é o ponto de partida para o surgimento de uma das mais ricas e importantes religiosidades chinesas conhecidas até hoje, o *Daoísmo* ou *Escola do Caminho* (*Daojia*). Como veremos a seguir, o pensamento daoísta seguiu uma trajetória bastante peculiar, começando como uma forma de Filosofia para se tornar, algum tempo depois, em culto religioso compartilhado por milhares de chineses.

A filosofia de Laozi

O que tornou o pensamento de Laozi tão atraente para seus contemporâneos foi compartilhar o sentimento de decepção com a sociedade. A cultura prometia ser o guia para vivermos em ordem, numa hierarquia bem estabelecida, em que direitos e deveres pareciam estar definidos. Na prática, porém, a situação era outra: a moralidade se tornara um disfarce para todo tipo de crime e hipocrisia. O passado era invocado de forma superficial e pedante, sem representar qualquer tipo de alento para as agruras do povo; os ritos não impediam os crimes, e os políticos constituíam uma classe de astuciosos dispostos a todo tipo de artimanha para alcançar o poder. Laozi teria assistido a tudo isso de dentro dos palácios, e concluiu que não daria mais pra viver daquela forma.

Na leitura do *Daodejing*, sua obra fundamental, encontramos um profundo programa de transformação, baseado na seguinte ideia: a saída para os seres humanos seria retornar à sua natureza original, e para isso, era preciso reencontrar o Dao verdadeiro, o caminho interior que levaria à harmonia com o Céu, a Terra e a vida.

A natureza original *(Ziran)*

A ideia fundamental de Laozi era retornar ao estágio primitivo do ser humano, quando ele estaria verdadeiramente em harmonia com a natureza. Todos os males – guerra, corrupção, violência desmedida, desigualdade – eram resultado da ideia de Cultura, uma invenção artificial e unicamente humana, que nos afastava do ciclo natural das coisas. Criar animais, plantar hortas, acumular bens, bolar conceitos, tudo isso era um desenvolvimento antinatural ao curso dos seres na natureza. Se pudéssemos nos desvencilhar dessa relação, poderíamos viver uma vida realmente mais simples e conforme a nossas autênticas tendências naturais. Essa era a ideia de *Ziran*, que significava um retorno aos padrões básicos da vida.

Nessa época ainda existiam muitas comunidades de vida extremamente simples, parecidas com nossas aldeias indígenas, espalhadas pela China. Elas viviam de caça, pesca, coleta e uma pequena agricultura, mantendo-se afastadas dos centros urbanos e das disputas políticas. É bem provável que Laozi, assim como seus seguidores, se inspirassem nessas pessoas de rotina tranquila e sossegada, buscando um modo de vida alternativo ao caos que pouco a pouco se instalava nas cidades e palácios.

Não-agir *(Wuwei)*

Além de escapar da vida mundana, era preciso criar novos comportamentos. Não adiantava fugir do mundo e levá-lo consigo dentro de si, repetindo os mesmos erros de sempre. Era preciso mudar a estratégia de viver. Para enfrentar os dilemas da vida, Laozi propunha um sistema de ação, fundamental para levar uma vida simples e despreocupada: *Wuwei*, não-agir, ou agir conforme a necessidade, isento de propósito.

Wuwei é um conceito difícil de explicar, mas podemos dar alguns exemplos de como ele funciona. Uma primeira atitude, por exemplo, é de não agir em caso de dúvida, ou para atender convenções sociais. Mover-se de modo independente e autônomo, em função dos sentimentos, seria a atitude mais autêntica. Adaptar-se, ser flexível, é o ideal. Ninguém deveria atuar baseado nas ideias de dever, coragem ou covardia, mas simplesmente fugir, atacar ou não fazer nada, de acordo com as necessidades elementares (comer, dormir, se defender, etc.). *Wuwei* é mover-se de acordo com o ritmo. Agir conforme a necessidade mais básica não é preguiça, indolência ou astúcia, conceitos eminentemente humanos; é a suprema inteligência da natureza, o caminho verdadeiro.

Daoísmo, os 'Caminhantes'

O Dao de Laozi reconduzia os seres a seu estado mais autêntico e original de existir. Se seu caminho era a natureza, então, a própria natureza era *O Dao*. Logo, o Caminho estava em tudo, era necessário senti-lo, percebê-lo, e resgatar a humanidade do seu erro primário, que foi criar a Cultura. A virtude real, *De*, consistia simplesmente em vivenciar o Dao. Essa ideia rapidamente se difundiu entre os adeptos do velho sábio, que em breve seriam denominados 'seguidores do Caminho' ou mesmo, 'Caminhantes'. A proposta de se desprender do mundo era bastante atraente e alcançou milhares de pessoas. No século IV AEC, outros grandes sábios daoístas, Liezi e Zhuangzi, destacaram-se por difundir os ensinamentos sobre o Dao por meio de historietas e diálogos, traduzindo alguns dos crípticos poemas de Laozi numa linguagem mais acessível. Suas ideias, no geral, repetiam o argumento central: afastar-se de governos, abandonar a política, desconstruir a cultura e buscar uma vida mais tranquila e desprendida. Eles teriam seus continuadores, que formariam o núcleo filosófico do Daoísmo, e suas propostas se dirigiriam a um enfrentamento das crises sociais e políticas de sua época. No entanto, esse movimento seguiria por caminhos alternativos, que o transformaria em breve numa religião rica e multifacetada.

A religião do Dao *(Daojiao)*

O flerte com a ideia de resgatar a natureza original deu asas a uma especulação singular entre vários adeptos do Daoísmo. Em teoria, se os seres humanos podiam voltar ao seu estado primitivo, poderiam, também, compreender os mistérios da Natureza. Isso levou muitos daoístas a procurar desvendar (ou inventar) as leis dessa mesma natureza, a propriedade das substâncias químicas e a fisiologia mágica dos seres. Seus objetivos eram os mais diversos: descobrir remédios miraculosos, aperfeiçoar os meios de contato com o mundo espiritual ou adquirir poderes especiais.

Isso reaproximou os daoístas e a religião tradicional chinesa (*Shenjiao*), construindo um diálogo fértil entre ambas. As preocupações com as influências espirituais no mundo material levaram os daoístas a incorporar toda a plêiade de divindades dos cultos populares, assim como muitos de seus rituais e crenças, formando o que se chamou de tradição *Huang-Lao* (em homenagem a Huangdi, fundador mítico da China, e a Laozi). Basicamente, os daoístas trouxeram dois elementos importantes para o cenário da religiosidade popular: sua sistematização e sua institucionalização. Aos poucos, surgiu o *Daojiao* (Religião do Dao), que se distinguia da *Daojia* por suas preocupações com as questões espirituais e sagradas e pela sua reaproximação com a sociedade. A Religião do Dao preservava os elementos básicos da *Shenjiao*, e não pretendia fugir do mundo mundano, mas compreendia que sua função era proporcionar uma vida melhor por meio do conhecimento dos mistérios naturais e espirituais. Isso resultou na construção gradual de templos, monastérios e núcleos daoístas espalhados por toda a China. Não houve, porém, a formação de uma única instituição; as comunidades cresceram e se espalharam de forma espontânea, algumas maiores que as outras. Milhares de espaços daoístas, ainda hoje, funcionam de forma similar aos terreiros que encontramos no Brasil.

No período Han, um passo definitivo foi dado para construir uma religião daoísta; um sábio chamado Zhang Daoling (34-156) teve uma visão com Laozi, que lhe ensinava os princípios de um sistema completo nomeado *Zhengyi* (Tradição Original). Essa se tornaria a corrente mais poderosa do Daoísmo, compondo um amálgama da religiosidade popular com os ensinamentos da filosofia daoísta. A tradição *Zhengyi* trouxe uma imensa compilação de encantamentos, magias, métodos mediúnicos e oraculares, e organizou-se em templos com sacerdotes especializados que cuidavam dos rituais, liturgias e da divulgação dos preceitos daoístas. Zhang Daoling foi divinizado após sua morte, e recebeu o título de Mestre Celestial, motivo pelo qual a tradição *Zhengyi* também é conhecida por *Linhagem dos Mestres Celestiais*.

Depois disso, várias outras correntes se organizaram, ao longo dos séculos, propondo variações pontuais nas crenças ou nos métodos de aperfeiçoamento espiritual. Algumas das mais conhecidas, e que seguem atuando até hoje, são a *Lingbao* (Tesouro Iluminado, séc. IV EC),

Shanqing (Suprema Pureza, séc. V EC), Quanzhen(Suprema realização, séc. XII EC) e *Wudanshan* (Monte Wudan, séc. XII EC). Somam-se a elas as milhares de agremiações menores, que contribuem para difundir o Daoísmo na China e fora dela.

Passemos agora ao exame das principais teorias e crenças sobre as relações com o mundo espiritual e físico, que delinearam os aspectos fundamentais da religiosidade daoísta.

Vida após a morte

A religião do Dao manteve a ideia presente nas crenças tradicionais de que o corpo é constituído, além da parte física, por duas almas, *Hun* e *Po*. A primeira é a parte individual e consciente, que se dirige ao mundo espiritual; ocasionalmente, ela pode interferir no mundo dos encarnados e vir a se tornar uma divindade. Já *Po* é a alma que se conecta ao corpo, e que deve se degradar junto com ele após a morte – se isso não ocorrer, como dissemos, ela vira um fantasma. Na visão daoísta, os espíritos atuam muito mais nesse mundo do que pensamos, e os *Hun* também assombram os encarnados constantemente.

Desde a época de Laozi e Zhuangzi, há dúvidas se os chineses acreditavam em reencarnação ou não. O culto dos ancestrais nos faz pressupor que os desencarnados permaneceriam no mundo espiritual; há evidências pontuais, porém, que a volta de um espírito para o mundo físico poderia ocorrer. A vinda do Budismo após o século I EC contribuiu para desenvolver essas ideias, sofisticando as explicações sobre o mundo espiritual e seu funcionamento.

Quando alguém morria, o *Hun* era recolhido por assistentes do mundo espiritual. Ele era levado a um tribunal, onde seus crimes seriam julgados por um juiz especial. Caso ele tivesse virtudes destacadas, poderia ir para o monte Kunlun, onde habitava a Rainha de Jade, num palácio cercado de jardins luxuriosos, em que brotava o pêssego da imortalidade. Quem tivesse autorização para residir nele, não precisaria mais encarnar, e poderia viver indefinidamente uma vida de fartura e entretenimento. Para as pessoas com algum mérito, mas sem tantas virtudes, havia a *Terra Ocidental da Extrema Felicidade*, onde teriam uma vida tranquila e perene, desfrutando das posses que foram depositadas em sua tumba. Esses eram espaços especiais; no restante das *Terras das Primaveras Amarelas*, a vida dos desencarnados era muito parecida com a vida no mundo material, tendo que trabalhar nos campos, habitar em casas e aguardar se seria necessário ou não voltar.

Contudo, a maior parte das almas ia mesmo para as terras subterrâneas, onde seus crimes eram punidos com uma série de torturas específicas, voltadas para o caráter de suas más ações; comilões tinham os estômagos enchidos de pedras, maledicentes ganhavam pregos na língua, invejosos tinham olhos furados, etc. Essa sequência de punições era avaliada por dez reis subterrâneos, e podia durar anos. Após o final desse ciclo, as almas tinham suas memórias apagadas e o indivíduo reencarnava para aprender a ser virtuoso.

Como vimos, desde o período Zhou, objetos do defunto eram colocados junto ao seu sarcófago para acompanhá-lo na vida do além. Essa concepção não desapareceu no imaginário chinês, ao contrário; ela foi se desenvolvendo com o tempo, e acompanhando a evolução da cultura material. Hoje, carros, casas e bonecos de plástico são sacrificados junto com o morto, para servi-lo. Há também o chamado 'dinheiro do inferno', cédulas de papel especiais que são queimadas no momento dos funerais. Esse dinheiro serve para garantir prosperidade e riqueza ao desencarnado no outro lado, e não raro, para subornar juízes e funcionários do tribunal do inferno, tentando aliviar as penalidades previstas.

Divindades

A existência da humanidade junto ao Céu e à Terra – binômio que representa o Cosmo, a natureza – é regida pelas divindades. Todos os seres estão inseridos nesse sistema, e por isso não se 'religam' ao divino, mas vivem nele todo o tempo. A questão principal, no Daoísmo, é tomar consciência desse processo, vivendo de forma adequada, realizando os ritos apropriados e buscando agradar aos deuses.

Como vimos, a aproximação entre o Daoísmo e a religião tradicional fez com que os primeiros adotassem as divindades populares chinesas, sistematizando uma nova forma de interpretação sobre elas. Um caso exemplar disso é o próprio Laozi, que foi divinizado, tornando-se uma emanação do *Dao*. *Dao* é entendido como o universo criador que, de tempos em tempos, se personificava numa figura humana para restaurar o equilíbrio cósmico e ensinar o caminho verdadeiro. No *Livro da Conversão dos Bárbaros* (*Huahujing*, séc. IV EC), relata-se que o Laozi original encarnou diversas vezes ao longo da história, ajudando o mundo a evoluir espiritualmente. O Laozi mais importante teria sido o do século VI AEC, que legou o *Daodejing* e depois, quando viajou para o oeste, chegou até a Índia – lá, segundo a lenda, ele foi o mestre de Buda (e o Budismo seria um 'Daoísmo indiano', na concepção de alguns autores da época). Outras fontes dizem que Laozi já nasceu velho, após sua mãe contemplar uma estrela. Seja como for, ele alcançou uma posição importantíssima no panteão das divindades, equiparando-se às principais delas.

Os deuses fazem parte do Dao, e por isso, são entendidos como seres especiais, mas continuam submetidos a certas regras da natureza. De milênios em milênios, eles são obrigados a comer os pêssegos da imortalidade que brotam no palácio da Rainha de Jade (também chamada Rainha Mãe de Oeste [*Xiwangmu*]), esposa do Soberano de Jade (*Yudi*), ou podem desaparecer. De forma similar aos deuses gregos e indianos, eles são perenes, desde que ninguém os matem. O Soberano de Jade administra o mundo físico e o espiritual, e comanda todas as outras divindades. Ele está submetido apenas aos três puros primordiais, personificações do Dao que orientam a condução dos movimentos cósmicos e inspiram a todos os seres, intervindo ocasionalmente nos processos naturais e na Humanidade. Eles são *Yuqing*, a Divindade Pureza de Jade (mestre da criação do conhecimento), *Shangqing*, a Divindade da Elevada Pureza (mestre da transmissão do conhecimento) e *Taiqing*, a Divindade da Suprema Pureza (o grande professor). Essa última emanação do Dao é aquela que reencarnou várias vezes para ajudar o mundo, sendo representada pela figura de Laozi.

Na corte do Soberano de Jade, podemos encontrar *Doumu* (a mãe do Céu e das estrelas), e os três grandes fundadores da civilização chinesa, *Fuxi* (inventor lendário do sistema *yin-yang* e dos Hexagramas que compõem o Livro das Mutações), *Nuwa* (criadora dos seres humanos e das técnicas de tecelagem) e *Shennong* (inventor da agricultura e padroeiro dos médicos). Há comunidades daoístas que consideram que *Pangu*, o primeiro dos deuses, também vive e deve ser adorado. Pangu é a figura central do primeiro mito de criação registrado na história chinesa; como dissemos no primeiro capítulo, ele teria sido um gigante de dimensões universais que se sacrificou, e criou o mundo a partir disso. Seu mito é muito similar ao mito do deus *Purusha* indiano, presente no *Rig Veda*, e não é impossível que possa ter sido importado com a vinda dos budistas para o país.

Huangdi (Imperador Amarelo), o primeiro soberano da China, também foi divinizado, e habita na corte celeste. Ele teria fundado o império chinês em algum momento entre 2700 e 2600 AEC, enfrentando batalhas terríveis para salvar o mundo de forças do mal. Teria criado ainda o sistema de acupuntura e a bússola. Junto a ele, poderemos encontrar os quatro imperadores dos espaços, que governam os pontos cardeais e a estações do ano. Cada um deles é denominado por uma cor e tem uma atribuição específica (o próprio Huangdi comanda as direções do centro e coordena a transição dos meses ao longo do ano), formando um grupo que normalmente aparece junto, chamado de Cinco Soberanos (*Wudi*) divinos. Outra divindade, *Longwang*, o Rei Dragão, ocupa papel similar ao de Huangdi, mas nos oceanos. Ele comanda o clima, as marés, e pode trazer sorte, quando devidamente adorado.

O Deus do fogão, *Zaojun*, é o responsável por fiscalizar a vida dentro do lar, e transita entre os mundos diariamente. Ele observa o comportamento dos familiares e redige relatórios periódicos, que são responsáveis pela sorte ou pela desgraça de um lar. Usualmente, um altar é dedicado a ele dentro de casa. Os *Menshen* (um par de deuses guardiões das portas) também recebem muitas orações da família, para evitar assombrações e ladrões.

Outros deuses que frequentam a corte são *Yanwang* (deus dos infernos), *Cangjie* (deus da escrita), *Caishen* (da riqueza, ao qual se dirigem preces especiais no ano novo), *Leigong* e *Leizi* (deus e deusa da justiça, cujo atributo é o trovão), *Yuelao* (deus do amor, que usa uma fita mágica para amarrar os namorados), *Wenchang* (deus da literatura e dos concursos públicos), *Bixia* (da fertilidade e da fartura), *Luban* (dos ofícios) e *Nezha* (o deus criança, guerreiro protetor dos mais fracos).

Encontramos também divindades que foram incorporadas ao longo da história chinesa, pessoas que viveram uma vida especial e se transformaram em Shen após a morte. Temos, por exemplo, *Mazu* (protetora dos pescadores, navegantes e mulheres), uma moça que teria se sacrificado para salvar sua família de um naufrágio; *Zhong Kui* (Rei dos Fantasmas), um mortal tão feio que, quando foi para o inferno, foi contratado para ser caçador de fantasmas; *Guandi*, grande guerreiro que, ao falecer, se tornou deus da justiça e protetor dos oprimidos; *Tuershen*, também chamado de 'deus coelho', jovem que foi morto por ser homossexual, transformou-se em um deus e protege todo tipo de amor não-hetero; os Oito Imortais (*Baxian*), cujas vidas os transformaram em protetores dos seres humanos, trazendo alívio em situações difíceis, além das milhares de divindades locais que protegem suas comunidades; os gêmeos *He-He*, protetores dos fracos e das crianças, similares a Cosme e Damião; e *Da Yu*, o Noé chinês, que salvou o país de uma grande inundação, trabalhando por vinte anos na construção de diques, lagos, barragens e canais (na China, as pessoas fugiram para as montanhas e não houve arca, nem a inundação foi obra divina).

Podemos incluir aqui outras expressões da natureza que foram divinizadas: os doze animais do zodíaco chinês, as nove constelações do Céu chinês, deuses e deusas como do Vento (*Fengshen*), das Montanhas (*Shanshen*), do Fogo (*Huoshen*), da Água (*Shuishen*), numa lista que se estende indefinidamente. Existem ainda inumeráveis seres mágicos, que transitam entre o mundo espiritual e o físico, e que são descritos no Livro das Montanhas e dos Mares (*Shanhaijing*, do período Han). Essa enciclopédia do imaginário chinês foi uma das mais importantes obras daoístas antigas, trazendo narrativas sobre terras encantadas, fadas e monstros, animais fantásticos e lendas dos mais diversos tipos, resgatadas do ancestral folclore chinês. Entre eles, são muito conhecidos os diversos tipos de dragões (*Long*), a Fênix (*Fenghuang*, símbolo da imortalidade), a Tartaruga (*Xuanwu*, também chamada de 'Guerreiro Negro', que representa a criação do Yin-Yang e dos trigramas), o Unicórnio (*Qilin*, animal mágico e auspicioso) e a Raposa *(Huli)* –

essa última, uma divindade trapaceira e sedutora, mas que pode fazer o bem em troca de oferendas.

Essa sucinta lista não chega nem perto de relacionar a grande quantidade de divindades existentes – e provavelmente, nem mesmo os daoístas conhecem todos os seus deuses. Contudo, isso deixa de ser sumamente necessário, na medida em que é muito mais importante saber *lidar* com as divindades. Para isso, é fundamental conhecer e praticar os rituais corretamente.

Rituais e Cerimônias

No Daoísmo religioso não existem missas tal como conhecemos, mas diversas cerimônias e procissões que visam atender e homenagear as divindades. Muitas dessas cerimônias servem igualmente para a realização de pedidos, endereçados às divindades pelos fiéis. As tradições nesse sentido variam, desde os cânticos, preces e músicas aos paramentos utilizados pelos sacerdotes (homens e mulheres). Há rituais que podem durar mais de um dia. Costumeiramente, eles envolvem a unção das estátuas das divindades, as ofertas em alimentos, flores e perfumes, acompanhadas pela queima de incenso e pelas litanias com músicas e textos sagrados. Essas liturgias para a realização de oferendas e adoração fazem parte de um calendário anual previamente definido.

Outro tipo de rito importante é chamado de *Zhai*, que são práticas de preparação para as cerimônias rituais. Elas podem incluir abstinência (dos mais diversos tipos), dietas, meditação, banhos especiais, higienização, entre outros, com o objetivo de purificar o corpo e a mente. Podem ser aplicadas também nos espaços e objetos que serão utilizados para os rituais.

Esses ritos orientam as ações que os fiéis e os sacerdotes devem levar a cabo para alcançar as divindades. Em termos litúrgicos, eles são bastante variados, não tendo um formato unificado, e informam a necessidade de preparação e de intenção dos seus realizadores para alcançar uma bênção. O grande número de festividades no calendário chinês (ano novo lunar, mudanças de estações, comemorações locais) lembram aos seguidores de que há uma comunicação contínua com o mundo divino, que não deve ser tratada de forma relaxada ou displicente. No mais, as dificuldades e imprevistos da vida comum exigem uma devoção firme e perene, em que as orações diárias e a s oferendas regulares ajudam bastante.

Sacerdotes e médiuns

Quem orienta as atitudes espirituais dos fiéis são os *Daoshi* – os sacerdotes daoístas. São eles que oficiam os rituais, as cerimônias e zelam pela preservação dos ensinamentos do Dao. Esse é outro aspecto bastante revelador da diversidade dessa religião; enquanto os formados na linhagem *Quanzhen* costumam ser monges, que se abstêm de certos alimentos e praticam o celibato, os clérigos *Zhengyi* podem casar e estão liberados para comer e beber de tudo – as regras dietéticas costumam ser aplicadas em ocasiões especiais, como preparação para certas cerimônias e ritos, mas não são gerais, variando de ordem para ordem. Não há uniformidade sobre os quesitos necessários para que alguém possa ordenar-se como Daoshi, nem sobre os regulamentos que ele deve seguir. Por influência do Budismo, que trouxe um sistema bem organizado de formação de clérigos, os daoístas gradualmente definiram um conjunto mínimo de exigências para que alguém se tornasse um sacerdote/monge. Isso incluía a leitura de textos fundamentais, domínio dos ritos e técnicas sagradas, e eventualmente, domínio de habilidades artísticas – música, pintura, artesanato, por exemplo – envolvidos na produção cerimonial e na confecção de relíquias e talismãs. Alguns se capacitavam, também, em artes oraculares e exorcismos (fosse por uma aptidão natural ou pelo treino) para atender ao público.

Além das instituições daoístas, em casos de dificuldades espirituais ou desconhecidas, os crentes ainda podem recorrer a um médium (*Tongji*), capaz de se comunicar com os espíritos e divindades. Num processo geralmente espontâneo (uma visão ou uma mensagem dos espíritos), as pessoas que são identificadas como médiuns costumam passar por algum tipo de iniciação, para aprender a lidar com suas faculdades. Alguns podem ser monges ou sacerdotes formados, que abandonaram suas organizações para atuar de forma independente (os templos daoístas costumam ter um espaço específico para a realização dessas atividades, embora não seja a missão principal da maioria deles).

Existem milhares de *Tongji* que atuam de forma particular, atendendo ao público de forma caridosa ou por dinheiro. Tal como os antigos xamãs, realizam previsões, se comunicam com os espíritos, fazem exorcismos e prescrevem medicamentos por orientação mediúnica; e embora não estejam formalmente ligados a qualquer linhagem, haurem muito dos seus conhecimentos dessas tradições. Os médiuns seguem como uma força importante dentro do Daoísmo, estabelecendo o contato com o mundo espiritual e contribuindo para reforçar os laços dos fiéis com essa religiosidade.

Uma crença especial: a busca pela imortalidade

Desde os primórdios do Daoísmo, uma das crenças que mais rapidamente se difundiu entre seus seguidores foi a da busca da imortalidade física, um meio de escapar da morte e dos infernos subterrâneos. O princípio era simples: se as doenças eram causadas por desequilíbrios orgânicos, e a morte ocorria pelo envelhecimento do corpo, então, se pudéssemos evitar esses mesmos desequilíbrios, e consequentemente, a degenerescência causada por eles, poderíamos viver indefinidamente. Em suma: seria possível encontrar fórmulas que mantivessem o corpo intacto, prolongassem sua existência, ou ainda, transmutassem sua fisiologia? Para a religião daoísta, isso seria possível sim.

No século III AEC, já existia uma classe de especialistas dedicados a essa busca, os *Fangshi* (ou, 'Cavaleiros do Vento'). Eles eram alquimistas, adivinhos e exorcistas, e viajavam pela China vendendo seus serviços. Sua especialidade eram as poções que prometiam longevidade e saúde. Os *Fangshi* estudavam os mais diversos tipos de substâncias provenientes da natureza, e encontraram fórmulas realmente eficientes para certos tipos de problema de saúde. Por outro lado, centenas de nobres e soberanos chineses faleceram envenenados com alguns desses remédios criados por esses especialistas. O caso mais conhecido é o de Qinshi Huangdi, o imperador que reunificou e governou a China entre 221-206 AEC; onde diversos assassinos falharam, foram seus *Fangshi* que provavelmente lhe deram poções de imortalidade carregadas de mercúrio, matando-o acidentalmente. Ainda assim, os daoístas aprofundaram seus estudos nos meios de alcançar a imortalidade. No período do século III EC, um grupo conhecido como 'Os sete sábios do Bosque de Bambu', fugiu para a floresta e passou a vida dedicando-se à poesia, ao vinho e aos jogos amorosos. Eles teriam alcançado a imortalidade por algum método desconhecido, o que chamou a atenção da sociedade da época

– e como muitos personagens daoístas, suas biografias são mal conhecidas, e eles teriam desaparecido assim como Laozi. O mesmo se repetiu com os *Oito Imortais*, praticantes de Daoísmo que conseguiram alcançar a imortalidade e se tornaram divindades da sorte em algum momento do período Song (960-1279 EC). A busca da imortalidade se tornou um elemento central nas práticas daoístas, e segue existindo em muitas correntes. Para alcançar esse fim, os métodos mais conhecidos são aqueles da alquimia.

Alquimia externa *(Waidan)* e interna *(Neidan)*

Um dos grandes sistematizadores do Daoísmo foi Ge Hong (283-364 EC), que escreveu o *Livro do Mestre que abraça a simplicidade* (*Baopuzi*). A importância de sua obra está em descrever muitos dos métodos de aperfeiçoamento espiritual daoístas, classificando-os como externos (*wai*) e internos (*nei*). Os métodos externos seriam basicamente três:

- Desenvolvimento de fórmulas e poções, baseadas em substâncias extraídas de plantas, animais e minerais. Era uma alquimia química, que contribuiu em muitos medicamentos da farmacopeia chinesa tradicional.
- Desenvolvimento de exercícios físicos e ginásticas especiais, que estimulariam a manutenção de um corpo saudável. Usualmente, esse método é acompanhado de dietas alimentares, que orientam o praticante a conhecer melhor

seu corpo e preservá-lo. Dentre os métodos criados por essa linha, está o de respiração energética (*Qigong*), acompanhado de movimentos calistênicos, que são famosos em toda a China. A prática desses exercícios poderia não só retardar a velhice, mas – num nível avançado – prolongar indefinidamente o tempo de vida do corpo.

- A alquimia sexual, que consistia no princípio da harmonização entre *yin* e *yang*, representados aí pela mulher e pelo homem, respectivamente. Com base no princípio que *Yin-Yang*, quando equilibrados mutuamente, geram um regime de estabilidade constante, os alquimistas chineses imaginaram que as relações sexuais poderiam ajudar na conservação do corpo, por meio da troca de energia (*Qi*) entre os parceiros. A ginástica do intercurso sexual, baseada em posições e estímulos calculados, auxiliaria a mulher a adquirir energia em forma *yang* do seu parceiro, e vice-versa, fazendo com que a permuta proporcionasse saúde e força. Em 1977, Jolan Chang, filósofo e sexologista daoísta, publicou o livro *The Tao of Love and Sex* (No Brasil, *O Taoísmo do Amor e do Sexo*, 1979), ensinando como funcionavam os princípios dessa prática, e revelando ao mundo que essa linhagem se mantinha viva e ativa.

Frequentemente, os praticantes de alquimia daoísta combinavam esses três métodos, buscando aumentar suas chances de sucesso. Contudo, fragmentos desses conhecimentos se difundiram na sociedade, popularizando uma cultura de cuidado e higiene física.

Já a alquimia interna (*Neidan*) surgiu em torno do século V EC, e desenvolveu-se a partir de uma releitura dos métodos externos. A teoria dos alquimistas internos era a seguinte: o corpo humano estaria estruturado em três níveis fundamentais, *Jing* (essência vital), *Qi* (energia) e *Shen* (o espírito). *Jing* era a vitalidade do corpo, proporcionada primeiro pela mãe (quando bebê) e depois, pela alimentação e pela respiração; *Qi* era o 'vapor', a energia que constitui a natureza e que se manifesta na constituição do corpo e no seu funcionamento. Por fim, o termo *Shen* era usado para designar o espírito, a individualidade consciente e divinal. Os três estavam interligados enquanto o corpo físico existia, engendrando-se mutuamente. *O Livro do Balanço e da Harmonia* (*Zhongheji*, séc. XIII EC) resumia a relação entre os três da seguinte maneira: dominando a essência vital (*jing*), se alcança a energia (*qi*); com energia plena, se fortalecia o espírito (*shen*); harmonizados os três, poderia se criar o Vazio (*wu*), sem o qual não haveria imortalidade.

Vamos explicar melhor: o 'vazio' referido no livro seria um espaço criador, gerado no interior do ser, para iniciar a construção de um novo corpo incorruptível e imortal. Ele seria análogo ao útero feminino, mas construído em um nível extrafísico (entre o material e o espiritual), que tanto homens quanto mulheres poderiam alcançar. Ali seria gestado um novo embrião espiritual, nutrido diretamente por *Jing* e *Qi* purificados, que cresceria até transformar por completo a fisiologia do corpo. Esse novo ser conseguiria para si um novo nível de existência, espiritual e físico simultaneamente, podendo transitar entre mundos e conservando-se imortal.

E como obter esse novo corpo? A alquimia interna se desenvolveu, no início, empregando os mesmos métodos da alquimia externa, tais como exercícios físicos, dietas e medicamentos. Contudo, gradualmente a meditação se tornou no principal método dessa linhagem, por algumas razões específicas. A respiração ritmada iria purificar e dirigir o *Qi* para o 'vazio', convertendo-se em essência vital; a interiorização ajudaria a controlar a mente, aprofundando o domínio do espírito sobre a matéria; por fim, era um método mais prático, menos dispendioso, simples e individual, sendo francamente acessível.

Os métodos mais comuns de meditação eram o de '*Sentar e esquecer*' (*Zuowang*), que já existia na época de Zhuangzi, e consiste justamente em sentar-se de forma confortável, controlar a respiração e acalmar a mente; o método da 'Unidade interna' (*Shouyi)*, no qual se visualizam (*Ding*) partes do corpo, invocando as micro-divindades que nelas habitam; a 'Observação interna' (*Neiguan*) era semelhante, mas concentrava-se na observação dos movimentos do corpo (mente, vísceras, coração, etc.); por fim, era possível também fazer visualizações imaginárias.

No geral, essas meditações eram feitas em posições estáticas sentadas, deitadas ou em pé. Muitos autores pretendem que certos métodos de *Qigong* e o *Taijiaquan* são formas de meditação em movimento, podendo ser incluídos na *Neidan* (nas artes marciais, o *Taijiquan* é conhecido por ser um estilo interno).

Com o tempo, os conceitos e métodos da alquimia interna se difundiram amplamente dentro do Daoísmo, tornando-se os principais meios de disciplina física e, possivelmente, de obter a almejada imortalidade.

Uma vasta literatura

Um equívoco muito comum, entre aqueles que começam a se interessar pelo Daoísmo, é o de acreditar que essa imensa riqueza religiosa se resume na leitura do *Livro da Virtude e do Caminho* (*Daodejing*) de Laozi, do *Zhuangzi* e do *Liezi* (textos que levam o nome de seus autores). Desde a antiguidade, os daoístas não pararam de produzir textos sobre os mais diversos temas, construindo uma vasta biblioteca conhecida hoje como *Daozang*. Atualmente, são conhecidos mais de mil e quinhentos textos daoístas, que versam sobre história, biografias de mestres e imortais, comentários de textos canônicos, talismãs, diagramas e imagens sagradas, cerimônias, práticas, meditação, rituais, hinos e alquimia.

Como vimos, desde a época Han, os daoístas já estavam diversificando o caráter de suas obras. O *Huainanzi (o Li-*

vro dos Sábios de Huainan), por exemplo, é uma coleção de ensaios, que versam sobre desde cosmologia até a classificação das divindades; Wei Boyang apresentou alguns elementos importantes da alquimia chinesa antiga em seu *Cantongqi (A Unidade Tripla)*; Yang Xiong fez uma revisão completa do *Livro das Mutações (Yijing)*, estabelecendo uma linhagem de interpretação daoísta desse livro; o *Shanhaijing* (Livros das Montanhas e dos Mares) trazia uma enciclopédia dos mitos chineses, e os textos de Mawangdui revelaram uma sexologia mágica e alquímica, conhecimentos que, posteriormente, Ge Hong organizaria no seu *Livro do Mestre que abraça a Simplicidade (Baopuzi)*. Guoxiang, no séc. III EC, revisaria as edições de Laozi e do Zhuangzi, estabelecendo os textos que hoje conhecemos.

Depois disso, algumas obras se tornariam igualmente referenciais entre os daoístas, tais como o *Shen Xian Zhuan* (Contos de Deuses e Imortais), que traz uma coleção de contos tradicionais sobre imortais daoístas, divindades e aventuras mágicas; o *Taiping Jing (Escritura do Grande Equilíbrio)*, que relaciona diversas fórmulas para fazer o elixir da imortalidade, dentro da linha da alquimia externa (*Waidan*); o *Huahujing* (*Livro da Conversão dos Bárbaros*), cujos versos ensinam os métodos de alquimia interna e conduta ética daoísta, além de trazer, em sua introdução, a pitoresca história de como Laozi teria sido mestre de Buda; na mesma linha, o *Yinfujing (Tratado da*

União Oculta) oferece métodos de meditação alquímica, além de diagramas mágicos, imagens espirituais e estudos cosmomágicos; o *Taishang Ganying Pian (Tratado sobre Ações e suas Retribuições)* é um amplo estudo sobre ética e moral, um apócrifo atribuído a Laozi, que obteve grande popularidade entre os daoístas por propor uma alternativa de conduta social aos preceitos confucionistas e daoístas; outro apócrifo de Laozi bastante conhecido é o *Wenzi (Os Mestres Literários)*, que conjuga passagens do *Daodejing, Zhuangzi* e *Liezi* num conjunto de orientações para bem viver; vale ainda comentar um importante trabalho a se conhecer, o *Tianhuang Zhidao Taiqing Yuce (As tiras de Jade da Grande Claridade no Caminho Supremo dos Soberanos Celestiais)*, que traz uma síntese histórica do Daoísmo fundamental para a estruturação institucional de suas crenças e linhagens; o já comentado *Zhongheji (O Livro do Balanço e da Harmonia)*, que propunha a união harmônica das crenças das três grandes sabedorias ('Sanjiao Heyi' – Daoísmo, Confucionismo e Budismo); por fim, o *Taiyi Jinhua Zongzhi* (conhecido no Ocidente como *O Segredo da Flor Dourada*) trouxe importantes contribuições sobre os métodos de meditação daoísta (*Daoyin*) da linhagem da alquimia interna (*Neidan*). Essa é uma mínima amostra, na verdade, do quanto o Daoísmo pode oferecer em termos literários, o que nos dá uma ideia da complexidade e diversidade do seu cânone. Há uma vastíssima lista de livros, textos e manuscritos a serem conhecidos, que revelam o perfil multifacetado dessa religiosidade.

As ordens daoístas, a propósito, são fundamentais para entendermos a variedade de obras produzidas. O *Daozang* não era uma lista única e acabada; ao longo dos séculos, ele foi sendo atualizado, incorporando as novas obras publicadas, e cada uma das linhagens (*Zhengyi*, *Lingbao*, *Shangqing*, por exemplo) produziu seus próprios cânones, que incluíam obras comumente aceitas (como o *Yijing*, o *Daodejing* ou *Zhuangz*i) e seus próprios escritos. O próprio *Daozang* forma um campo de estudos específicos dentro da Sinologia, no qual se esquadrinham as listas de livros, suas edições, modificações e usos. Essa ressalva é necessária: não podemos ler apenas um ou dois livros daoístas e acreditar que compreendemos a profundidade de seus aspectos religiosos e filosóficos.

As artes daoístas

O Daoísmo acabou influenciando diversos campos da cultura chinesa, contribuindo para enriquecê-los em seus conceitos básicos. De forma geral, algumas expressões da arte e do pensamento chinês acabam mesmo sendo consideradas 'Artes Daoístas', dado seu envolvimento com essa religiosidade. Fazer uma relação delas é algo extenso e trabalhoso, mas podemos dar alguns exemplos com os quais estamos mais familiarizados.

As artes divinatórias, por exemplo, foram estudadas e desenvolvidas pelos daoístas. O *Livro das Mutações* foi profundamente analisado e comentado dentro das linhagens, que desenvolveram métodos específicos de consulta, de acordo com a interpretação dos Hexagramas; elas também aceitam que os espíritos podem interferir nessas consultas, determinando o curso da previsão. Os experts em previsões são capazes de recorrer a vários recursos: existem leitores de rosto, de mão, de constituição física, de sonhos, de objetos pessoais e de ossos (num jogo parecido com o de búzios). Todos esses métodos divinatórios estão inseridos na ideia de compreender os mecanismos ocultos da natureza, revelando as tendências dos acontecimentos a partir dessa percepção sutil. Essa concepção levou os daoístas a se envolverem com a astrologia, estudando os corpos celestes e de como eles influenciariam os movimentos da natureza.

O caso da Arte do Vento e da Água (*Fengshui*) é um exemplo perfeito dessa associação de técnicas. Os daoístas expandiram as dimensões do *Fengshui*, transformando-o numa Geomancia astrológica capaz de explicar os sentidos esotéricos dos ambientes, e o método mais apropriado de edificação.

Um aspecto relacionado às artes daoístas é a incorporação da teoria dos cinco movimentos (*Wuxing*), que explica como a energia se transforma em matéria por meio de cinco manifestações fundamentais: água, fogo, terra, madeira e metal. Cada uma dessas manifestações é resultado da interação dos *Qi* (energia), *Yin* e *Yang*, e estão presentes em todas as coisas existentes no mundo da mutação. Os daoístas incorporaram essas ideias desde seus textos mais antigos, e aplicaram-nas na alquimia, na astrologia e no *Fengshui*. Usaram esse sistema para alcançar o elixir da imortalidade, e acabaram desenvolvendo remédios bem sucedidos, que fazem parte até hoje da farmacopeia tradicional.

Nas artes marciais, as práticas alquímicas, os estudos sobre o Livro das Mutações e o sistema *Wuxing* ajudaram a conceber os três principais estilos internos de Kungfu; o *Taijiquan* (Boxe do Último Supremo, mundialmente conhecido), o *Baguaquan* (Boxe dos oito trigramas, baseado diretamente no *Yijing*) e o *Xingyiquan* (Boxe da forma-pensamento, construído com base nos cinco movimentos e nos doze animais do zodíaco chinês), que contam diferentes linhagens, além de uma dezena de outros estilos menos conhecidos.

3 CONFUCIONISMO

Uma religião inventada

No século XVI, os portugueses encararam o desafio de contornar a África e encontrar uma rota alternativa para chegar até a Ásia. E, nos navios que faziam negócios entre Portugal e China, embarcaram também os jesuítas, missionários dedicados à conversão dos povos não cristãos das Américas, África e Oriente. Intelectuais com uma forte base em filosofia e ciências, os jesuítas praticavam um sensível diálogo cultural com as sociedades onde pretendiam atuar, investigando suas histórias e costumes.

Os jesuítas buscaram se aprofundar na cultura chinesa, procurando pontos de contato com as crenças cristãs. Eles se aproximaram da classe de intelectuais que dominava a burocracia imperial e que podia lhes fornecer as melhores pistas para conhecer a sociedade chinesa. Esses pensadores afirmavam seguir os ensinamentos da *Escola dos Acadêmicos – Rujia* – fundada vinte e dois séculos antes por um eminente sábio chamado *Kong Fuzi*, e que os jesuítas não demoraram em latinizar como 'Confúcio'.

Nessa época, não fazia muito sentido separar religião de filosofia: e seguindo sua lógica tradicional, os jesuítas começaram a chamar os acadêmicos de 'confucionistas', e sua escola de 'Confucionismo', de maneira análoga ao que ocorrera com o 'Cristianismo'. No entanto, havia certos problemas para que eles pudessem realmente classificar o 'Confucionismo' como uma forma de religião. Entre os confucionistas não havia clero e suas crenças nas divindades não estavam claras. Em outros momentos, porém, o Confucionismo encantava os missionários, revelando valores profundamente espiritualizados. Os confucionistas acreditavam numa razão cósmica superior, que chamavam de *Céu* (*Tian*), cujas características singulares aproximavam essa ideia do Deus cristão (e a analogia com paraíso celeste era inevitável). Confúcio teria atuado como um profeta, que buscava salvar sua civilização por meio de discursos moralizantes e que anunciava 'punições celestes' contra os crimes cometidos pelos seres humanos. Esse mesmo sábio havia forjado ensinamentos como 'não faça aos outros o que não quer que seja feito com você' e 'ame a todos, sem distinção', o que fazia os jesuítas imaginarem se os chineses não haviam conhecido Moisés ou Sócrates. Os chamados 'Ritos' (*Li*) praticados pelos confucionistas consistiam mais em regras de etiqueta social e as cerimônias e festividades de seu calendário – muitas ligadas às estações do ano ou a eventos políticos – pareciam apenas configurar tradições antigas, sem quaisquer conotações mais sérias. Vendo por esse lado, portanto, como não imaginar que o Confucionismo era uma religião? Assim, os missionários finalmente inventaram uma religiosidade que nem mesmo os chineses conheciam: e o *Confucionismo* – termo igualmente ignorado, por séculos, pelos nativos – se tornaria sinônimo da crença mais amplamente difundida na China. Apesar dos insucessos missionários, ao longo do século XVIII, esse termo se consolidou no vocabulário ocidental como sinônimo de religião e sabedoria chinesas.

Confúcio, o grande mestre do passado

Para compreendermos as dimensões filosóficas e religiosas da *Rujia – a Escola dos Acadêmicos* ou *Confucionismo* –, precisamos então retornar ao passado, conhecendo as origens e o desenvolvimento histórico dessa doutrina. A vida de Kongzi (551-479 AEC) foi contemporânea à de Laozi (alguns autores afirmam que eles podem ter se encontrado e trocado ideias), sendo relativamente bem conhecida e não existindo qualquer dúvida sobre sua existência. Nascido no Estado de Lu, filho de uma família de classe média decadente, com mãe viúva e vivendo num ambiente de pobreza, Confúcio desde criança sofreu na pele as dificuldades de viver em sociedade, tendo que trabalhar duro para ajudar nas contas de casa. Contudo, ele nutria uma admiração sincera pelos estudos, e fez tudo o que podia para conciliar a rotina laboral com a escola. Aprendeu música e poesia, mergulhou na leitura de textos históricos e procurou conhecer o amplo conjunto de rituais – sagrados ou não – que estruturavam sua cultura. Em torno dos trinta anos, quando já era um pai de família maduro e professor experiente, Confúcio começou a refletir profundamente sobre o mundo em que vivia.

Lembremos, a China da época estava vivendo uma escalada de violência, corrupção e conflitos. Os Estados que formavam o império irrompiam em guerras cada vez mais frequentes e a capacidade dos soberanos de manter uma possível harmonia estava colapsando. Confúcio notara isso e percebia nas pessoas a desilusão e o despreparo para lidar com a realidade. Em um sentido totalmente diferente de Laozi, porém, ele concebeu que deveria tentar construir um meio de salvar a civilização chinesa, e não abandoná-la. Durante duas décadas, perambulou por várias regiões do país, tentando implementar seu projeto de reforma da cultura e da política, até retornar à sua terra natal e terminar seus dias tranquilamente como professor. E no que consistia o plano confuciano para mudar os destinos da nação? Num conceito revolucionário até os dias de hoje: a Educação.

Educação, o pilar das mudanças

Para Confúcio, o problema fundamental da sociedade era a ausência de valores morais e a incapacidade de pensar eticamente sobre os dilemas enfrentados naquela época tão difícil. As pessoas estariam se perdendo por desconhecer as antigas tradições que construíram a cultura, e por essa razão, elas não tinham referências para lidar com os desafios existenciais. O povo estava abandonado; as elites, corrompendo-se; o fim desse processo, em toda a história chinesa, redundava em guerra civil e na queda de uma dinastia. Para modificar esse panorama, era preciso investir em uma alternativa poderosa e eficaz, que intervinha diretamente na raiz do processo de formação humana, a *Educação (Jiao)*.[3]

Na visão confucionista, seria o *Dao* (Caminho) da Educação o melhor meio de resolver toda a crise existente. Através dela, as pessoas aprenderiam as tradições, adquiririam valores morais, pensariam de forma autônoma e crítica, e poderiam agir de maneira mais consciente frente aos problemas que se desenrolavam. Na época de Confúcio, o currículo fundamental de aprendizado era composto pelas seis artes (*Liuji*): Ritos, Escrita, Música, Arqueria, Equitação e Matemática. Ele assumiu esse currículo e o expandiu, enfatizando o papel do estudo da história e da ética. Para isso, reeditou também os livros clássicos da antiga literatura chinesa, que eram o *Yijing* (o '*Livro das Mutações*', que guardava os antigos conhecimentos sobre as ciências chinesas, e depois se transformaria em oráculo); o *Shujing* ('*Livro das Histórias*', continha as principais passagens históricas das

---

3. Como podemos notar, Jiao é uma palavra polissêmica. Ela pode significar 'Religião', como no caso dos daoístas ou 'Arte de Ensinar, Educação' na visão confucionista. Discutiremos melhor esse ponto mais adiante.

primeiras dinastias, grandes discursos e biografias resumidas de personagens importantes do passado); *Shijing* (o '*Livro das Poesias*', uma coleção de poemas e canções tradicionais que retratavam o cotidiano dessa civilização); *Liji* (o '*Livro dos Ritos*' ou '*Recordações Culturais*', é uma enciclopédia de costumes, ritos, hábitos, leis e visões sociológicas da época Zhou); o *Chunqiu* (ou '*Primaveras e Outonos*', uma crônica histórica escrita pelo próprio Confúcio sobre sua época, apresentando diversas passagens históricas para serem analisadas de forma pedagógica e ética) e o *Yuejing* (o '*Tratado da Música*'), que continha músicas e teorias musicais da China Antiga, fundamentais para a Educação e para a Arte na visão de Confúcio. O livro se perdeu, mas um provável capítulo desse tratado sobreviveu no *Liji*.

Confúcio esperava que as pessoas, depois de estudar os fundamentos básicos de todas essas disciplinas e literaturas, seriam capazes de se comportar mais apropriadamente, conhecendo a empatia e o altruísmo. O estudo do passado poderia fornecer bons exemplos de conduta e inspiraria uma visão mais positiva e consciente sobre a vida em sociedade. Aqueles que dominassem esses conteúdos de modo mais profundo poderiam ser qualificados como *Junzi* – o 'Educado', alguém capacitado a ser professor ou funcionário da burocracia imperial, uma pessoa de conhecimento distinto e visão de mundo ampliada. Num Estado em que os *Junzi* se ocupassem da administração e da educação, os negócios públicos estariam em ordem, haveria paz e harmonia. Mesmo em momentos de calamidade, essa sociedade permaneceria unida frente às dificuldades e manteria a confiança em seus líderes.

As cinco virtudes sociais constantes *(Wuchang)*

A formação educacional proposta por Confúcio era norteada pelo ensino de cinco virtudes consideradas essenciais para a vida em comum, que orientariam como as pessoas deveriam se relacionar umas com as outras. A principal delas era *Ren*, conceito de difícil tradução que significa ao mesmo tempo benevolência, altruísmo, piedade e empatia – em síntese, um Humanismo capaz de fazer compreender que 'entre os quatro mares somos todos irmãos', como disse uma vez o sábio. Junto a *Ren*, era necessário também desenvolvermos *Yi* (noção de justiça e moralidade), o conhecimento sobre *Li* (as regras de comportamento apropriado, os ritos), *Zhi* (sabedoria da vida prática, a habilidade de enfrentar dilemas morais) e *Xin* (sinceridade, autenticidade). Esse conjunto de conceitos fornecia um guia claro para interpretar as tradições do passado e desenvolver um senso comunitário de valores comuns.

As três qualidades internas *(Sangang)*

As cinco virtudes sociais eram complementadas por três disposições íntimas, qualidades que deveriam ser desenvolvidas para dar sustentação individual à prática do caminho acadêmico. A primeira delas era *Zhong* (a centralidade do coração, que significava lealdade e firmeza de propósitos), manifesta no cumprimento das relações hierárquicas; *Jie* (continência), expressa na relação matrimonial e *Xiao* (fraternidade familiar, piedade filial), que determina as regras de respeito e obediência entre pais e filhos. Alicerçado na prática dessas virtudes íntimas, qualquer um poderia encontrar forças para conduzir-se corretamente na vida social e política.

A busca da sabedoria

Confúcio pretendia mais do que construir o cidadão ideal (o *Junzi*); para ele, o caminho do estudo poderia revelar os sábios, os *Shengren*. Eles seriam as pessoas capazes de orientar o mundo, auxiliando os governantes e as pessoas comuns em suas questões mais profundas. Os sábios poderiam ser encontrados entre as pessoas mais comuns, mas para isso, era preciso que eles fossem despertados pela educação e pelo conhecimento. Confúcio admitia que, por mais que os seres humanos tivessem seus potenciais, eles não seriam desenvolvidos, se não lhes fossem dadas condições para isso. Por essa razão, era tão difícil encontrar sábios; sem educação adequada, ninguém poderia realizar-se internamente, quanto mais alcançar a sabedoria completa – e assim, o mundo seguia em desordem, dependendo do esforço de alguns poucos para sustentar-se.

A Escola dos acadêmicos (Rujia)

Segundo Sima Qian, o grande historiador da antiguidade chinesa (e admirador confesso do antigo mestre), Confúcio teve centenas de discípulos ainda em vida, que mantiveram viva sua doutrina e a difundiram por toda a China. Nos séculos IV e III AEC, autores como Mengzi (Mêncio, 371-289 AEC) e Xunzi (310-235 AEC) levaram esses ensinamentos a todos os níveis da sociedade, desenvolvendo-a com ideias originais sobre questões do governo e da natureza humana. A essa altura, os seguidores das ideias de Confúcio já eram chamados de *Rujia*, termo que podemos traduzir como 'Escola dos acadêmicos' ou 'letrados', 'eruditos', 'educados'.

Entre os anos 221-206 AEC, quando a dinastia Qin assumiu o poder, os acadêmicos foram duramente perseguidos, seus livros queimados e muitos de seus mestres mortos. A teoria do poder centralizador de Qin entendia que era necessário monopolizar a educação, controlar os funcionários e governar pela violência – ou seja, exatamente o contrário de tudo o que os confucionistas pregavam. Na dinastia seguinte, Han (206 AEC – 221 EC), os soberanos entenderam que os ideais acadêmicos poderiam auxiliar na construção de uma nova China, unificada pela cultura e pela lei. Eles reabilitaram Confúcio e tornaram sua doutrina a ideologia oficial do império. Milhares de escolas foram abertas e uma universidade foi criada na capital para ajudar na formação de professores e funcionários.

Nessa época, intelectuais como Dong Zhongshu (179-104 AEC) e Wang Chong (27-97 EC) contribuíram decisivamente para fortalecer a escola acadêmica. Dong organizou as novas teorias de governança, adaptando-as ao regime imperial, enquanto Wang Chong lançou as bases de um raciocínio cético-científico, que ajudariam bastante no desenvolvimento das tecnologias antigas. O já citado Sima Qian (145-86 AEC) reorganizou o estudo do passado chinês, criando uma tradição historiográfica que existe até os dias de hoje.

Durante o período Han, também foram feitas as primeiras tentativas de transformar Confúcio em um santo; foram abertos templos em seu nome, e pequenos sacrifícios rituais eram realizados em sua memória. Ao longo dos séculos posteriores, essas iniciativas se repetiriam ocasionalmente, mas sem alcançar grande sucesso. Como veremos adiante, os acadêmicos não apoiavam essas iniciativas, por entenderem que a doutrina de Confúcio não se dirigia a questões de cunho religioso.

Outros nomes notáveis surgiram ao longo da história chinesa, mantendo o 'Confucionismo' como uma escola ativa e renovada. Han Yu (768-824 EC), por exemplo, defendeu a separação do Estado e das religiosidades, por entender que elas poderiam influenciar o poder e criar profundas desarmonias sociais. Já Zhu Xi (1130-1200 EC) renovou a doutrina acadêmica frente aos desafios filosóficos do Budismo e do Daoísmo, aprofundando os estudos sobre cosmologia e metafísica, e liderou um importante movimento de reconstrução histórica das ideias de Confúcio – seria esse mesmo movimento que os jesuítas chamariam de 'Neoconfucionismo', nome que também nunca existiu naquela época; Zhu Xi criara uma abordagem chamada de *Lixue*, que pode ser traduzida como 'Estudos sobre os Fundamentos', 'Estudos sobre os princípios' ou ainda, 'Escola da razão'. Em sentido oposto, Wang Yangming (1472-1529) desenvolveu um estudo aprofundado sobre os mecanismos psicológicos da aprendizagem e conceitos sobre a filosofia da Mente, motivo pelo qual sua linha de estudo ficou conhecida como *Xinxue* (Estudos da Mente). Inúmeros outros autores poderiam ser citados aqui, o que tornaria a lista exaustiva; basta-nos saber que, desde a antiguidade, a escola acadêmica entranhou-se no mundo chinês, tornando-se o pilar de sua formação cultural. Ela se constituiu na doutrina educacional fundamental, na principal teoria política e compôs, ao longo dos séculos, o quadro burocrático chinês. Milhares de acadêmicos entraram para o serviço público por meio de concursos – outra criação confucionista, que tinha por objetivo avaliar as capacidades e méritos dos candidatos.

Durante a dinastia Qing (1644-1912), formada por uma elite de origem estrangeira (Manchu), a escola acadêmica sofreu duros golpes. Os governantes Qing perceberam que era necessário empreender uma reforma na estrutura burocrática, para que ela atendesse aos seus interesses, e começaram a propagar uma concepção arcaizante dos ensinamentos de Confúcio, voltada excessivamente para a adoração do passado, para a submissão à hierarquia social e ao esvaziamento do sistema de concursos públicos. Para os Qing, estava claro que destruir a educação era o melhor método para submeter a sociedade. Um povo ignorante, com reduzido acesso ao ensino, e funcionários oportunistas, bajuladores, corruptos e mal qualificados fizeram com que, aos poucos, a sociedade ficasse cada vez mais submissa e enfraquecida diante da dominação estrangeira.

Com sua escola abalada, alguns poucos acadêmicos se destacaram nesse período, propondo uma renovação da doutrina confucionista através da abertura de escolas, da reformulação do currículo (incluindo o ensino de Ciências e Tecnologias), uma reforma total e completa nas instituições burocráticas e militares, e ainda, uma renovação na interpretação das ideias de Confúcio, de maneira que elas continuassem a inspirar, no plano ético e cultural, o processo de modernização e de reconstrução da China. Kang Youwei (1858-1927), Liang Qichao (1873-1929) e Wang Guowei (1877-1927) formaram uma importante frente de acadêmicos modernizadores, que trabalhou duramente para que alguma dessas reformas fosse levada adiante. Mesmo assim, eles não foram bem sucedidos; e as grandes mudanças no panorama chinês viriam com o advento da república em 1912, que determinaria novos rumos para o pensamento confucionista.

A 'Religião' ou o 'Ensino' dos acadêmicos (*Rujiao*): o que pode ser religioso no Confucionismo?

Como vimos, é difícil classificar o Confucionismo como um sistema religioso, embora tenha várias características que nos permitam fazer essas inferências. O termo '*Jiao*' se presta a tornar as distinções mais complicadas: ele pode significar 'Religião' (*Zongjiao*) ou pode ser usado para a palavra 'Educação' (*Jiaoyu*). O ideograma representa a ideia de como conduzir uma criança, o que denota orientação, cuidado. Como vimos, no Daoísmo, ele pode nos ajudar a distinguir um 'Daoísmo filosófico' (*Daojia*) de um 'religioso' (*Daojiao*). Com a escola acadêmica, porém, isso não aconteceu; e o termo '*Rujiao*', muito pouco usado, era entendido como 'ensino dos acadêmicos', e se tornava redundante – ao fim, *Jiao* era simplesmente usado como sinônimo de 'Educação'.

Visto assim, nos sentiríamos tentados a excluir o confucionismo dos estudos religiosos, e admitir que teria sido simplesmente um grande erro de interpretação iniciado pelos jesuítas. No entanto, como afirmamos antes, a escola acadêmica estava envolvida em profundos valores morais, que permeavam a sociedade chinesa na antiguidade, e que influenciaram profundamente a construção dessa doutrina. Por isso acreditamos ser possível analisar o confucionismo sob um ponto de vista baseado nas ciências da religião, o que pode nos fornecer contribuições bastante interessantes nesse sentido.

A questão fundamental da vida após a morte
O primeiro problema que podemos analisar aqui é: o que os acadêmicos pensavam sobre a vida após a morte? Curiosamente, numa passagem do livro *Diálogos* (*Lunyu*, sobre o qual falaremos mais adiante), Confúcio advertira seus discípulos para não se preocuparem muito com questões espirituais, e aprender – antes de tudo – a viver nesse mundo. Isso foi usado muitas vezes como um exemplo claro de que o mestre não punha fé na ação dos espíritos, mas a literatura confucionista mostra exatamente o contrário.

Vamos recorrer ao *Livro dos Ritos* (o *Liji*), que foi originalmente editado por Confúcio e depois, restaurado e reformado na dinastia Han. Dos 49 capítulos, que versam sobre os mais diversos temas, quatro são dedicados aos funerais e ao luto – uma quantidade significativa de texto. Há outros capítulos voltados aos sacrifícios – oferendas feitas às divindades ou em cerimônias especiais – que mostram a atitude zelosa e respeitável que Confúcio mantinha em relação às forças espirituais.

Portanto, o fato de Confúcio não especular sobre como seria o mundo espiritual não significa que essa preocupação fosse ausente. Ele provavelmente compartilhava as crenças *Shenjiao* sobre a vida após a morte, a existência de *Hun* (aspecto individual do espírito) e *Po* (aspecto físico do espírito), e no plano espiritual integrado ao nosso. Como suas preocupações estavam mais voltadas para ações no plano político e educacional, isso pode passar despercebido para os leitores 'filosóficos' do confucionismo. A ênfase no respeito aos espíritos, porém, ficava evidente na atenção que devia ser dada aos funerais e ao luto. Ela se desdobrava, igualmente, em outro aspecto fundamental do pensamento de Confúcio: a devoção aos ancestrais (*Jingzu*).

Como vimos no primeiro capítulo, o culto aos antepassados já fazia parte das crenças chinesas, e acreditava-se que eles pudessem intervir nos negócios familiares dos vivos. Confúcio não deixava claro se acreditava piamente no contato com o mundo espiritual; mas o cultivo da memória dos ancestrais, e seu exemplo de conduta e persistência, tornaram-se uma condição importantíssima na visão ética e religiosa confucionista. Em sua percepção, a existência atual se devia inequivocamente a toda a luta vivenciada pelos antigos e suas lições de sobrevivência construíram os alicerces da civilização chinesa. Esse entendimento permitia que os acadêmicos pudessem projetar crenças individuais sobre o rito dos ancestrais, definindo-o como um costume tradicional. Essa foi uma das aberturas aproveitadas pelos jesuítas, que não viam a cerimônia dos antepassados como algo mais grave ou diferente do que o dia dos finados; e por isso, acreditavam que esse importante ritual chinês pudesse permanecer junto das práticas cristãs.

Os neoconfucionistas, como Zhu Xi ou Wang Yangming, continuaram a manter certo distanciamento das questões ligadas ao mundo espiritual. Essa relativa indiferença levou alguns sinólogos a acreditar que ambos poderiam praticar alguma forma de ateísmo, mas é preciso sempre lembrar que o confucionismo, nesse ponto, permitia inferências e diálogos com outras doutrinas religiosas. Por isso, seria possível encontrar acadêmicos que, para suprir seus interesses religiosos, adotavam crenças e ideias sobre a vida após a morte de outras religiosidades, como Budismo, Daoísmo, Islamismo ou Cristianismo, por exemplo. Eles não viam isso como uma contradição: como os valores sociais estariam firmemente estabelecidos nos códigos de conduta e nas tradições acadêmicas, a dimensão metafísica terminava por ser assunto de foro íntimo, e que não devia se projetar sobre o âmbito público.

Céu *(Tian)*, a divindade primordial

Como vimos no primeiro capítulo, no período Zhou se desenvolveu gradualmente a crença na existência de um sistema ou ser superior que organizava a existência de todos os seres. Quando afirmamos 'sistema' ou 'ser', é porque temos dificuldades em precisar como os chineses antigos definiam esse conceito complexo, o 'Céu' (*Tian*). Aparentemente, quando eles tentavam explicá-lo, suas descrições aproximavam-no de um conceito ecológico, um sistema que permeava a existência da natureza por meio de leis, ciclos e estações. Ele possuiria um funcionamento inteligente, mas não necessariamente tinha características particulares ou individuais. 'Céu' antecedia todos os seres, até mesmo as divindades; e seu regime de ação envolvia a todos, sem distinção entre mundo físico ou espiritual.

Confúcio abraçou essa ideia entusiasticamente, e colocou o 'Céu' como centro de todas as suas percepções eco-religiosas. A própria noção de governança política, o '*Mandato Celeste*' (*Tianming*), significava que a inteligência universal depositava, nas mãos de um indivíduo, o encargo de manter a harmonia entre o Céu, a Terra e os seres humanos (a palavra 'Rei'–Wang – significa exatamente isso). O velho mestre praticamente não deu atenção às divindades populares e centrou todas as suas atenções em como o 'Céu' controlava os destinos do mundo material. Ele defendia que os sacrifícios das estações do ano deveriam ser escrupulosamente observados, demonstrando respeito; e que a prática da conduta moral apropriada implicava no respeito à natureza e a todos os seres vivos. Esse é um ponto importante no confucionismo até os dias de hoje: seus adeptos entendem que a maior parte dos problemas ecológicos (ou, 'ofensas ao Céu') provém da corrupção e dos interesses mesquinhos dos humanos, e se reproduzem nas calamidades e desastres naturais que enfrentamos. Assim, um mundo em que as pessoas fossem mais educadas e compartilhassem uma noção de harmonia universal, elas reduziriam seus interesses materiais e, por conseguinte, destruiriam menos a natureza. Esse era um conceito avançado na antiguidade, mas que já estava presente nos discursos dos primeiros acadêmicos. Mêncio, por exemplo, denunciou a derrubada de florestas, a devastação dos campos e defendia que, quando um governo era tomado pela desonestidade e pela violência, ele perdia o 'Mandato Celeste' e deveria ser derrubado.

Contudo, se podemos acreditar que o 'Céu' poderia ser traduzido como 'Natureza', a maneira como os antigos se dirigiam ao mesmo deixa algumas pistas de uma possível divinização de *Tian*. O uso de frases como 'o Céu não gosta', 'o Céu pune', 'o Céu não aprecia', 'o Céu abençoa', entre outras, fazem supor que alguns autores o entendiam como uma entidade, única, individual e inteligente, ainda que sem forma definida. Como os chineses continuavam a admitir a existência de outras divindades, não se tratava, portanto, de um monoteísmo em curso, mas um henoteísmo em que se podia observar a monogonia (uma origem comum a todo o universo) e a monolatria (a crença devotada a uma entidade em especial). Os confucionistas modernos tendem a se dividir na definição conceitual do Céu – alguns, pretendendo-o como um sistema natural inteligente, sem forma (a 'Natureza' ou 'Ecologia'), conquanto outros têm simpatizado com a ideia de uma entidade divina monoteística, criadora do universo e mantenedora da vida.

Cumpre lembrar que alguns soberanos chineses tentaram divinizar Confúcio, elegendo-o oficialmente como um santo. Várias iniciativas nesse sentido foram levadas a cabo ao longo dos milênios, seguidas da construção de templos e monumentos em homenagem ao velho mestre. No entanto, isso sempre soou contrário ao entendimento dos acadêmicos que, em sua maioria, não adotaram essa crença por decreto. Para eles, Confúcio era um ancestral inspirador e modelo a ser seguido, ao qual se queimava incenso em sinal de respeito; porém, não se rezava para ele, a fim de obter favores ou intercessões no mundo dos vivos. Isso seria pura perda de tempo e contrário aos seus ensinamentos, voltados essencialmente para o curso da existência humana.

Ritos *(Li)*

Se os confucionistas permanecem evasivos sobre a vida após a morte ou sobre o Céu, o mesmo não pode ser dito sobre *Li* – conceito basilar no pensamento acadêmico. Quando os primeiros tradutores ocidentais se debruçaram sobre esse conceito, seu primeiro entendimento era que *Li* significava o conjunto de cerimônias de cunho religioso praticadas pelos chineses, ou seja, seriam os 'rituais' chineses. O ideograma *Li* parecia concordar com essa transliteração: ela representa uma oferenda aos espíritos ancestrais, o que diz muito sobre a conexão de *Li* e as cerimônias de cunho religioso.

Mas quando os acadêmicos se referiam a *Li*, falavam sobre muito mais do que apenas 'ritos'; eles se referiam a um minucioso estudo das tradições chinesas, dos seus componentes éticos, das regras de convivência e das dimensões políticas e sociológicas do comportamento humano. Voltemos ao *Liji*, que como vimos, foi chamado de '*Livro dos Ritos*'; na análise de seus capítulos, vemos seções destinadas a explicar a arte de governar; ao estudo da música; pedagogia e estrutura educacional; indumentária; alimentação; arqueria; bebida, entre outros tantos assuntos. O livro não se circunscreve, pois, a questões que poderíamos chamar de 'religiosas', constituindo-se numa verdadeira enciclopédia cultural, que busca cobrir as mais diversas dimensões da vida cotidiana e da estrutura político-social.

Isso significa que, para os acadêmicos, *Li* representa um conjunto de costumes e tradições que auxiliam na ordenação da sociedade, trazendo meios de regular o comportamento individual nos meios público e privado. Muitas dessas práticas têm uma inspiração religiosa, de fato, como as cerimônias dedicadas aos antepassados, os sacrifícios rituais e os funerais; mas as cerimônias de casamento, de passagem (da infância ao estado adulto), regras de cortesia, vestimenta ou pudor, por exemplo, estavam calcadas em tradições antigas, sem necessariamente estarem ligadas a ideias espirituais.

Li, portanto, representa um conceito dinâmico de práticas sociais, que poderiam mudar conforme o tempo e o contexto. Embora Confúcio fosse visto como um conservador, em seu entendimento, era conhecendo bem o passado que se poderia mudar o futuro; o estudo de *Li* nos permitiria contemplar, numa perspectiva antropológica, como os costumes surgiram, se adaptaram ou se transformaram, de maneira a preservar a harmonia social e apontar os rumos necessários à mudança.

Por essa razão, os confucionistas atuais preservam somente alguns poucos 'ritos' herdados do passado, num formato bastante diferente dos seus ancestrais. O fundamental, nesse caso, é ater-se aos princípios que regem os rituais. A devoção aos antepassados – com a instalação de altares cerimoniais dentro de casa – segue firme como tradição entre as famílias chinesas; contudo, ninguém espera que os cidadãos atuais usem roupas antigas ou tenham uma alimentação mais rudimentar por causa das regras ditadas no *Livro dos ritos*. Há uma liberdade em interpretar o passado bastante significativa, que garante um desenvolvimento contínuo das ideias acadêmicas.

Um exemplo bem claro dessa postura é a leitura atual do '*Livro das Mutações*' (*Yijing*); seu uso como oráculo segue facultado aos consulentes, embora, perante as tecnologias contemporâneas, ele não seja mais considerado um manual de ciências da natureza.

Templos confucionistas

Comentou-se há pouco que alguns soberanos buscaram divinizar Confúcio, instituindo sacrifícios em seu nome e construindo templos. É importante notar que esses projetos pretendiam inserir Confúcio no âmbito das divindades chinesas, estendendo sua presença na religiosidade popular, sem sacralizar, no entanto, a escola acadêmica. Os templos ditos 'confucionistas' possuem características peculiares em relação aos templos daoístas e budistas; usualmente, eles contêm imagens de Confúcio, mas pouquíssimas referências a outras divindades. O elemento mais presente nesses espaços são diversas placas, estelas e lápides votivas, com nomes de grandes mestres confucionistas do passado, aos quais se devota a veneração dos ancestrais. Essas homenagens são bastante simples, sendo compostas de oferendas de alimentos e incenso. Lembremos que dificilmente alguém entra nesses templos para rezar aos espíritos desses sábios. Pontualmente, algumas cerimônias menores podiam ser realizadas neles, e não havia celebrações de cultos ou atividades religiosas constantes.

Os templos confucionistas são chamados de *Kongmiao (Templo de Confúcio)* ou *Wenmiao (Templo da Cultura)*, o que é bastante significativo sobre o caráter dessas instituições. Esses salões eram utilizados para encontros literários, debates ou espaço para estudo. Em Qufu, cidade natal de Confúcio, a casa de sua família tornou-se gradualmente num complexo de prédios, que abriga museus, bibliotecas, um cemitério, espaços de meditação e de culto aos ancestrais. Como em muitos outros lugares, esses templos eram cuidados por funcionários locais, sem haver um grupo de clérigos especialmente dedicados a isso. Essa é uma marca distintiva da religião confucionista: não há clérigos definidos, e qualquer um pode realizar as atividades sagradas, desde que prove saber desempenhá-las.

No final do século XIX, as tentativas de reformar a China em direção à modernidade tornaram os templos confucionistas importantes pontos de encontro de intelectuais, que discutiam como desenvolver a educação e as ciências no país. Visitantes europeus e norte-americanos notaram, com espanto, que os chineses colocavam, junto da imagem de Confúcio, figuras de grandes cientistas e pensadores da história da humanidade, tais como Galileu, Newton ou Sócrates. Os acadêmicos buscavam inspiração em ancestrais estrangeiros, que pudessem ajudá-los com as novas tecnologias.

Somente no século XX, alguns poucos templos confucionistas na China, Japão, Coreia e Vietnã passaram a realizar cerimônias e rituais com maior constância, enfatizando uma dimensão religiosa do confucionismo. Nessas instituições, grupos se organizam de forma similar a uma estrutura clerical, tentando difundir uma versão estritamente religiosa dessa doutrina; contudo, eles angariaram relativamente poucos adeptos, que podem ser contados em poucos milhares.

As fontes para conhecer o confucionismo

A escola acadêmica foi prodigiosa em termos de produção literária. Ao longo da história, autores escreveram milhares de ensaios, obras e compêndios nos mais diversos campos do saber. Foram responsáveis também por organizar vastas coleções de livros, que resgataram a literatura chinesa do passado e a preservaram para a posteridade. Essa iniciativa surgiu com o próprio Confúcio, que se dedicou não apenas a reeditar os antigos clássicos de sua época, como redigiu ele próprio uma crônica histórica (*As Primaveras e Outonos*, ou *Chunqiu*). É comum afirmar-se que os grandes sábios da antiguidade como Buda, Zaratustra e Jesus não deixaram nada escrito. Com Confúcio, foi justamente o contrário. Como educador, teve uma notável preocupação em estruturar uma grade de leituras, para que as pessoas pudessem trilhar o caminho dos estudos e conhecessem o essencial de sua civilização.

Como vimos, os textos fundadores da cultura chinesa já existiam na época Zhou, mas coube a ele reorganizá-los e dar-lhes um formato final. Hoje, eles são conhecidos como os cinco clássicos (*Wujing*), que são o *Livro das Histórias,* o *Livro dos Poemas,* o *Livro das Mutações*, o *Livro dos Ritos* e o das *Primaveras e Outonos*; o sexto volume, o *Livro da Música*, perdeu-se na queima de livros promovida durante a dinastia Qin. Embora já tenhamos comentado brevemente sobre essas obras antes, cremos que seria interessante contar um pouco sobre suas histórias.

O *Livro das Histórias (Shujing)* era formado por uma coleção de episódios importantes da história chinesa, desde a primeira dinastia conhecida, a Xia (as datas são incertas, supõe-se 2070-1600 AEC) até o período Zhou. Eram apresentadas as biografias de grandes personagens do passado, as tramas de eventos decisivos, as ações que construíram a trajetória dessa civilização, e que permitiram sua continuidade. Segundo a tradição, na corte dos soberanos chineses (até o período Zhou), havia sempre dois historiadores: um salvava as datas dos eventos mais importantes, fazendo breves comentários sobre elas; o outro anotava os elementos principais desses mesmos eventos, para depois produzir um texto em que os descrevia pormenorizadamente e seu desfecho. Ele fazia o mesmo também com discursos e proclamações ditadas por alguém considerado importante. O *Shujing* foi montado a partir do segundo conjunto dessas narrativas, elaboradas pelos historiadores dedicados a construir os exemplos morais, os modelos de governança e de sabedoria.

Confúcio teve a preocupação de resgatar as efemérides de sua terra natal, o Estado de Lu, e redigiu as *Primaveras e Outonos* (*Chunqiu*), seguindo a tarefa do historiador que registrava a cronologia. O livro é composto por uma série de eventos arrumados em ordem temporal, acompanhados de uma informação rápida e sucinta. No entanto, Confúcio fez mais do que apenas anotar datas: ao descrever objetivamente os eventos, criou uma gramática histórica, em que cada palavra significava uma ação bastante específica. Em sua época, muitos nobres ficaram extremamente preocupados com as palavras usadas por ele nas crônicas, pois elas podiam significar uma acusação extremamente grave ou uma reprimenda vergonhosa.

Quanto ao *Livro dos Poemas* (*Shijing*), ele nasceu de um modo bastante peculiar; afirma-se que, na antiguidade, funcionários públicos saíam pelos campos e cidades registrando poemas, canções e preces. O papel dessas investigações era duplo: servia para descobrir quais eram os principais anseios do povo, bem como avaliar seu nível de satisfação com os governantes. Com o passar dos séculos, o número de materiais registrados chegou a mais de três mil e muitos já estavam deslocados do contexto ou já não eram mais representativos. Confúcio teria então selecionado 305 poemas e canções, que exprimiam as ideias essenciais da civilização chinesa. Sua coletânea é uma rica fonte de materiais antropológicos, em que várias dimensões sociais são contempladas. Há poemas sobre a natureza, canções votivas, orações cerimoniais, músicas festivas, bem como poesias contra a guerra, a violência, a corrupção e a opressão de vários tipos. Há lamentos profundamente doloridos, bem como versos jocosos e espirituosos. O *Shijing* constituía literalmente um retrato poético da sociedade.

No tocante ao *Livro das Mutações (Yijing)*, suas origens são incertas, e alguns autores antigos gostavam de dizer que ele já estava presente no alvorecer da sociedade chinesa. Seja como for, o texto que hoje conhecemos provavelmente foi feito em torno do século XI AEC, durante a ascensão da dinastia Zhou. Confúcio dedicou-se a estudar profundamente esse livro, por acreditar que continha as chaves para compreender os movimentos da natureza – e consequentemente, alcançar os mistérios do 'Céu'. Ele escreveu comentários interpretativos para cada um dos hexagramas contidos no livro, numa tarefa épica e exaustiva. Admitindo o papel divinatório que a obra alcançara em sua época, Confúcio orientou seus discípulos em como consultar o oráculo, e seu sistema de funcionamento. Dentro de uma concepção particularmente chinesa, o *Yijing* podia fornecer previsões, mas não informava (nem defendia a existência de) qualquer 'destino'. Ou seja: se alguém consultava o livro esperando uma resposta sobre certo empreendimento, por exemplo, a resposta dada – positiva ou negativa – estava ligada a como o consulente estava procedendo. Isso significava, em termos práticos, que, se uma pessoa mudasse de atitude em relação a suas dúvidas, a previsão automaticamente mudaria também. O Livro das Mutações podia apresentar tendências, mas nunca um 'destino fatal e imutável'.

Por fim, o *Livro dos Ritos (Liji)* surgiu das compilações empreendidas por Confúcio dos *Li* ('ritos'), de modo a analisá-los e/ou preservá-los. Como vimos, o mestre pensava *Li* como um amplo conjunto de costumes e tradições cujo fim último era manter a harmonia social e ensinar as pessoas a viver em comunidade. Por essa razão, é uma relação extensa de objetos culturais, que cobre os aspectos mais sutis da sociedade, das crenças e do pensamento. O corpo enciclopédico do *Liji* era completado por dois outros livros, os *Ritos de Zhou (Zhouli)* e os *Ritos Cerimoniais (Yili)*, cujos conteúdos esclareciam pormenores dos aspectos rituais da época Zhou e serviam de auxiliar na leitura da obra principal.

Logo após a morte de Confúcio, seus discípulos organizaram os *Diálogos (Lunyu)*, livro que trazia os principais pensamentos anotados do mestre. No *Livro dos Ritos*, dois outros textos associados a ele foram inseridos como capítulos: *O Grande Estudo (Daxue)*, livro sobre a arte de governo e *O Justo Meio (Zhong Yong)*, sucinto manual de comportamento ético. Outros livros parecidos – que alegavam trazer passagens vivenciadas com Confúcio – foram amplamente divulgados, como o *Livro da Piedade Filial (Xiaojing)*, o *Livro dos ditos da escola de Confúcio (Kongzi Jiayu)* ou a *Antologia do Mestre Confúcio (Kong Congzi)*. Os dois principais continuadores de Confúcio, Mêncio e Xunzi, também produziram obras que levaram o seu nome. Xu Shen, um notável acadêmico do período Han, organizou um dicionário intitulado *Discutir a escrita, explicar os ideogramas (Shuowen Jiezi)*, no qual se estabeleceram os fundamentos dos estudos etimológicos chineses, orientando esse campo desde a antiguidade.

Em torno de mil e quinhentos anos depois, Zhu Xi propôs que, para entendermos as ideias fundamentais de Confúcio, o caminho mais adequado seria ler os cinco clássicos e também os *Diálogos, O Grande Estudo, O Justo Meio* e o *Livro de Mêncio*. Eles formavam o grupo dos *Quatro Livros (Sishu)*, e foram adotados como o esquema básico de leituras para a formação histórica e filosófica da escola acadêmica. Essa proposta vinha de encontro a uma preocupação básica dos acadêmicos; em meio a centenas de livros produzidos por essa escola, o que ler para saber o mínimo necessário?

Essas obras foram extensamente comentadas, e serviram de base para praticamente todas as escolas de pensamento chinesas. Não havia um autor sequer que não lera as histórias da China antiga a partir da edição feita por Confúcio. Esse é um aspecto notável; todo esse corpus literário – embora seja considerado de certa forma sagrado – sempre esteve aberto à visitação, e os acadêmicos tinham total liberdade para analisá-lo, criticá-lo e ponderar sobre seus conteúdos e ideias principais. Não houve, no pensamento confucionista, a tentativa de dogmatizar esses livros como se eles fossem portadores de uma verdade absoluta e imutável, nem mesmo que eles proviessem de uma revelação divina. Serviam como modelos inspiradores, mas não deveriam ser aceitos de maneira categórica, e sim, contextualizados. Mêncio teria dito, inclusive, que, se alguém acredita em tudo o que lê, seria melhor parar de fazê-lo. Esse comentário explica muito sobre o pensamento acadêmico.

Assim, quem deseja conhecer mais sobre a escola acadêmica, pode começar com o esquema proposto por Zhu Xi – embora os *Diálogos (Lunyu)*, em especial, forneçam uma seleção de fragmentos de Confúcio bastante esclarecedora sobre suas principais ideias. Os aspectos rituais do confucionismo podem ser encontrados, mais detalhadamente, no *Livro dos Ritos (Liji)*. Para se aprofundar na história do confucionismo e seus movimentos, porém, será preciso selecionar bem a época e o tema que se pretende estudar: em todas as dinastias chinesas, encontraremos um grande número de autores que contribuíram para desenvolver e expandir a doutrina acadêmica, renovando-a de tempos em tempos. Afinal, a importância dada à história e à filosofia entre os confucionistas só cresceu com o passar do tempo, e coube a eles criar os modelos literários que seriam compartilhados e reproduzidos pelos intelectuais chineses ao longo dos séculos. O *Daozang*, o cânone de obras confucionistas, é extenso e multifacetado e cobra dos estudiosos uma atenção redobrada ao contexto histórico e à capacidade de relacionar obras diversas entre si.

4 DAOÍSMO E CONFUCIONISMO NA ATUALIDADE

Como vimos, Daoísmo e Confucionismo são duas tradições chinesas milenares, que ajudaram a compor o perfil histórico e cultural dessa civilização. No entanto, os impactos do século XX fizeram com que ambas seguissem trajetórias bem diferentes.

O Daoísmo prosseguiu sendo uma importante religiosidade dentro da China, e a queda do império, em 1912, não modificou significativamente essa situação. Até então, os daoístas mantiveram seus templos e mosteiros, promovendo suas atividades religiosas em meio aos percalços enfrentados pelo país. Foi uma época difícil, em que os chineses tiveram que enfrentar invasões estrangeiras e uma guerra civil duríssima. Em 1949, a China continental tornou-se comunista sob a liderança de Mao Zedong, enquanto a China republicana refugiou-se na ilha de Taiwan. Isso afetou diretamente as vivências religiosas chinesas. As leis, sob a égide do comunismo maoísta, defendiam a liberdade religiosa, mas o Estado manteve um rígido controle sobre templos, mosteiros e igrejas, de modo que eles não interferissem junto ao governo. Isso significou uma drástica redução nas atividades das comunidades religiosas e ocorreram repressões pontuais contra alguns grupos que não se submeteram ao novo regime. O Daoísmo viveu, então, momentos difíceis; muitas de suas crenças foram classificadas como superstições e desacreditadas, enquanto os grupos religiosos tiveram dificuldades de sobreviver sem as contribuições dos fiéis. Templos e mosteiros tiveram que ser fechados ou abandonados. Mas, se por um lado o Daoísmo institucionalizado sofreu com essas medidas, os grupos independentes encontraram um espaço bastante amplo para atuar. Operando de forma discreta, os especialistas daoístas continuaram a ser convocados, no seio da população, para ajudar em problemas espirituais, médicos e existenciais. Embora seja difícil saber quantos grupos ou pessoas estavam envolvidas nessas atividades, eles contribuíram decisivamente para manter o Daoísmo vivo e atuante na China comunista. Após a morte de Mao Zedong, em 1976, e a gradual abertura na política chinesa, os daoístas voltaram a aparecer no cenário social, reconstruindo seus templos e sendo novamente valorizados, não apenas como religião, mas como parte fundamental da cultura e do folclore chineses. Os templos de Wudan, por exemplo, se tornaram grandes núcleos de Daoísmo e artes marciais: do mesmo modo, figuras de poder do velho regime (como o próprio

Mao Zedong, Zhou Enlai - seu grande diplomata, ou Zhude, o mais famoso dos generais maoístas) têm recebido o culto de um número cada vez maior de pessoas, que acreditam que eles se tornaram divindades poderosas.

Enquanto isso, em Taiwan, os daoístas que conseguiram se refugiar na ilha lograram preservar suas atividades em vários níveis, formando verdadeiros centros de difusão dessa religiosidade. A tradição *Zhengyi*, por exemplo, se estabeleceu firmemente no país, construindo uma rede de instituições que contribuíram decisivamente na expansão do Daoísmo – é dessa linhagem que provêm os principais grupos daoístas presentes no Brasil. A plena liberdade de exercer atividades religiosas garantiu que a riqueza cultural dessa religião continuasse a se reproduzir e a se desenvolver, ainda que estivesse longe de muitos de seus santuários no continente. Em menor escala, os daoístas conseguiram também uma maior liberdade em Hong Kong e Macau; mas em linhas gerais, essa religiosidade não conheceu grande expansão fora do mundo chinês, ficando restrita a pequenas comunidades na diáspora ou nos estudos intelectuais levados a cabo no Ocidente.

De qualquer forma, muitas universidades, atualmente, vêm resgatando o Daoísmo tanto no campo dos estudos religiosos como na filosofia e na história, enriquecendo ainda mais as possibilidades de se conhecê-lo.

O destino do Confucionismo foi bem diferente; como

teoria política e filosófica, ele encontrou acolhida em vários países, como Coreia, Japão, Vietnã e Cingapura. Do ponto de vista religioso, porém, foram pouquíssimos os templos e comunidades que tentaram empreender o culto a Confúcio e a suas ideias. Com a abolição dos concursos públicos em 1905 e a extinção do império em 1912, o Confucionismo sofreu duros golpes enquanto discurso moral e social. A ascensão do comunismo deixou tudo ainda pior: Mao Zedong organizou perseguições sistemáticas ao pensamento de Confúcio, por considerá-lo uma das principais razões do atraso econômico e cultural que a China vivia no século XX.

Foi em Taiwan e Hong Kong que o Confucionismo continuou a frutificar como doutrina filosófica, inspirando novos projetos de civilização. Essas comunidades preservaram alguns elementos importantes, como o culto aos ancestrais e algumas cerimônias especiais. Uma nova linha de pensamento, *Xin Rujia* (Nova Escola Acadêmica ou Novo Confucionismo) surgiu, propondo meios de adaptar as ideias de Confúcio ao mundo contemporâneo. Entre 1959 à 1990, em Cingapura, o general Lee KuanYee estabeleceu um governo de orientação capitalista-confucionista, que alcançou um estrondoso sucesso econômico e tecnológico, motivando outros países asiáticos a copiar esse modelo.

O Novo Confucionismo se expandiu rapidamente na China continental, após o relaxamento político iniciado na década de 1990. Hoje, alguns pensadores defendem a formação de um governo Republicano Confucionista, em substituição ao atual governo comunista – e eles têm sido recebidos com simpatia por vários setores da sociedade. Um deles, Jiang Qing, ainda defende que o Confucionismo deveria se tornar uma nova religião nacional, nos moldes da Igreja anglicana no Reino Unido. O principal desafio, nesse sentido, é que nem mesmo os confucionistas atuais sabem precisar quais seriam suas crenças e ritos. Algumas cerimônias festivas, bem como comemorações em Qufu, a terra natal de Confúcio, têm sido organizadas anualmente, mas sem um claro perfil religioso. Se, como doutrina filosófica e moral, o Confucionismo tem chamado cada vez mais atenção, como religiosidade, resta o desafio colossal de reconstruir-se e reinventar-se diante de uma China absolutamente nova e diferente.

REFERÊNCIAS BIBLIOGRÁFICAS

Sugestões Bibliográficas

Por ser uma obra de caráter introdutório, nessa seleção bibliográfica demos preferência aos materiais disponíveis em português, e que podem ser facilmente encontrados pelos leitores. Os estudos chineses no Brasil ainda estão muito longe de alcançar o grande número de traduções e trabalhos produzidos em outros países da América e da Europa, mas contamos com alguns bons materiais que podem auxiliar em nossa caminhada para conhecermos mais sobre o Daoísmo e o Confucionismo. Lembremos também que esta lista não é completa, nem se pretende exaustiva; nosso objetivo é fornecer aqui um ponto de partida para aqueles que pretendem adentrar os estudos sobre o mundo das religiosidades chinesas.

História geral da China

AMARO, Ana Maria. *O Mundo Chinês – um longo diálogo entre culturas.* Lisboa: ISCSP, 1998.
GRANET, Marcel. *Civilização Chinesa.* Rio de janeiro: Ferni, 1979.
JOPPERT, Ricardo. *O Alicerce Cultural da China.* Rio de Janeiro: Avenir, 1979.
PINHEIRO-MACHADO, Rosana (org.). *China, passado e presente.* Porto Alegre: Artes e Ofícios, 2013.
SCARPARI, Maurizio. *China antiga.* São Paulo: Folio, 2009.

História do Pensamento Chinês

CHENG, Anne. *História do pensamento chinês.* Petrópolis: Vozes, 2009.
GRANET, Marcel. *O pensamento chinês.* Rio de Janeiro: Contraponto, 1997
NORDEN, Brian Van. *Introdução à filosofia chinesa clássica.* Petrópolis: Vozes, 2018.
WU, Chun. *Filosofia chinesa.* Rio de Janeiro: Batel, 2020.

História das Religiões na China

ADLER, Jospeh. *As religiões da China.* Lisboa: Ed.70, 2002.
CALVÃO, A. (org.) *A religião popular na China.* Lisboa: Fundação Oriente, 2001.
CHRISTIE, Anthony. *China – Mitos e lendas.* Lisboa: Verbo, 1986.
MASPERO, Henri. *Taoismo y las religiones chinas.* Madrid: Trotta 1998.
POCESKI, Mario. *Introdução às religiões chinesas.* São Paulo: Unesp, 2018.
SMITH, David. *Religiões chinesas.* Lisboa: Arcadia, 1973

Estudos sobre Daoísmo

BLOFELD, J. *Taoísmo- busca da imortalidade.* São Paulo: Cultrix, 1989
CHANG, Jolan. *O taoísmo do amor e do sexo.* RJ: Artenova, 1979.
COSTA, Matheus. *Daoísmo tropical.* São Paulo: Fonte, 2019.
DESPEUX, Catherine. *Tai Chi Chuan, arte marcial, técnica da longa vida.* São Paulo: Pensameto, 1995.
DESPEUX, Catherine. *Taoismo y alquimia feminina.* Madrid: Liebre de marzo, 2003.
KIELCE, Anton. *O Taoísmo.* São Paulo: Martins Fontes, 1986.
PALMER, Martin. *Elementos do Taoísmo* Rio de Janeiro: Ediouro, 1993.
RAWSON, Philip. *Tao.* Madrid: Prado, 1997
SCHACHTER, Bony. 'Rito de Passagem do Escrito Amarelo da Claridade Superior' in Bueno, André & Neto, José Maria. *Visões da China antiga.* União da Vitória: Unespar/Upe, 2014.
SILVA Gilberto. *Caminhos do Taoísmo.* São Paulo: Clube dos autores, 2014.
WONG, Eva. *El Taoísmo.* Madrid: Oniro, 1998.
WU, Jyh-Chergn. *Iniciação ao Taoísmo* (2 vols.) Rio de Janeiro Mauad, 2006.
ZIKA, Matheus (org.). *Daoísmo, estética chinesa e outras artes.* Curitiba: Appris 2019.

Traduções de textos daoístas
CHIUYUCHIH. *Daodejing*. São Paulo: Mantra, 2016.
CLEARY, Thomas. *Estratégia e Liderança*. Rio de Janeiro: Saraiva, 1994.
CLEARY, Thomas. *O essencial do Tao*. São Paulo: Best Seller, 1991.
CLEARY, Thomas. *Trovão no Céu*. Belo Horizonte: Eleusis, 1993.
CLEARY, Thomas. *Wenzi*. Brasília: Teosófica, 1991.
HEILMANN, Von Werner. *A arte chinesa do amor – Fang Chung Shu*. Rio de Janeiro: Ediouro, 1992.
HILL, Sam e Seaton, John. *Chuang Tzu: ensinamentos essenciais*. São Paulo: Cultrix, 2000.
HUA CHING NI. *Hua Hu Ching*. São Paulo: Pensamento, 1997.
LIEZI. *Tratado do Vazio Perfeito*. São Paulo: Landy, 2001.
NORMAND, Henry. *Mestres do Tao*. São Paulo: Pensamento, 1993.
SINEDINO, Giorgio. *Dao De Jing: Escritura do Caminho e Escritura da Virtude com os comentários do senhor às margens do rio*. São Paulo: Unesp, 2016.
SPROVIERO, Mário Bruno. *Daodejing – Escritos do Curso e da sua Virtude*. São Paulo: Hedra, 2002
WALKER, Brian. *Hua Hu Ching*. São Paulo: Best Seller, 1997.
WATSON, Burton. *Chuang Tzu: escritos básicos*. São Paulo: Pensamento/Cultrix, 1987.
WATSON, Burton. *Tao Te Ching*. São Paulo: Martins Fontes, 2002.
WILHELM, Richard. *O segredo da Flor de Ouro*. Petrópolis: Vozes, 1983.
WONG, Eva. *As artes taoístas da Saúde, da Longevidade e da Imortalidade*. São Paulo: Landy, 2003.
WONG, Eva. *O método correto de cultivar e manter a energia da vida*. São Paulo: Pensamento, 2003.
WU JYH CHERNG. *Meditação Taoísta*. Rio de Janeiro: Mauad, 2008. (ZuoWanglun)
WU JYH CHERNG. *O Livro do Caminho e da Virtude*. Rio de Janeiro: Mauad, 1998.
WU JYH CHERNG. *Tratado sobre a União Oculta*. Rio de Janeiro: Mauad, 2008. (Yinfujing)
ZHAO BICHEN. *Treinamento interior taoísta: Tratado de alquimia e fisiologia*. São Paulo: Editora É, 2012.

Estudos sobre Confucionismo
CHING, Annping. *O autêntico Confúcio*. São Paulo: JSN, 2008
JULLIEN, François. *Um sábio não tem ideia*. São Paulo: Martins Fontes, 2000.
LIN, Yutang. *A sabedoria de Confúcio*. Rio de Janeiro: José Olympio, 1958.
SCHUMAN, Michael. *Confúcio e o mundo que ele criou*. São Paulo: Três Estrelas, 2016.
XINZHONGYAO. *El Confucianismo*. Madrid: Cambridge Universitypress, 2002

Traduções dos clássicos chineses (Wujing)
BLOFELD, John. *I Ching: O livro das transmutações*. Rio de janeiro: Record, 1968.
GUERRA, Joaquim. *Escrituras selectas*. Macau: Jesuítas Portugueses, 1980. (Shujing)
GUERRA, Joaquim. *Livro dos Cantares*. Macau: Jesuítas Portugueses, 1979. (Shijing)
GUERRA, Joaquim. *O Cerimonial* (3 vols.) Macau: Jesuítas Portugueses, 1987. (Liji)

GUERRA, Joaquim. *Quadras de Lu e relação auxiliar* (5 vols.). Macau: Jesuítas Portugueses, 1983. *(Chunqiu)*
GUERRA, Joaquim. Ye Keng, o livro das transmutações. Macau: Jesuítas Portugueses, 1984. (Yijing)
HUANG, Alfred. *O I Ching* - Edição completa. São Paulo: Martins Fontes, 2007.
LEGGE, James. *I Ching: O livro das mutações*. São Paulo: Hemus, 1972.
LIN, Yutang, *Sabedoria da China e da Índia* (2v.) Rio de Janeiro: Pongetti, 1959 (Fragmentos)
WILHELM, Richard. *I Ching: o livro das mutações*. São Paulo: Pensamento, 1983.
Wu JyCherng. *I Ching: a alquimia dos números*. Rio de Janeiro: Mauad, 1993.

Traduções dos Quatro livros (Sishu)
BUENO, André. *As lições do Mestre*. São Paulo: Jardim dos Livros, 2016.
CHENG, Anne (trad.) *Diálogos de Confúcio*. São Paulo: Ibrasa, 1983.
GEBRAN, Ginés. *A doutrina de Confúcio*. Câmara Municipal de Paranaguá: Paranaguá, 1974.
GUERRA, Joaquim. *Mâncio*. Macau: Jesuítas Portugueses, 1984.
GUERRA, Joaquim. *Quadrivolume de Confúcio*. Macau: Jesuítas Portugueses, 1984.
LEYS, Simon(trad.). *Os Analectos*. São Paulo: Martins Fontes, 2005.
SINEDINO, Giorgio (trad.) *Os Analectos*. São Paulo: Unesp, 2012.

Cronologia da História Chinesa
Período dos Soberanos Fundadores (Três Patriarcas e os Cinco Soberanos) (2852?–2205?)
Dinastia Xia (2205?-1766?)
Dinastia Shang (1600?-1027)
Dinastia Zhou Anterior (1027-771)
Dinastia Zhou Posterior (771-221)
Primaveras e Outonos (771-481)
Estados Guerreiros (481-221)
Dinastia Qin (221-206)
Dinastia Han Ocidental (206-12EC)
Dinastia Xin (12-23)
Dinastia Han Oriental (23-221)
Dinastias do Sul e do Norte (219-580)
Dinastia Sui (581-618)
Dinastia Tang (618-907)
Cinco Dinastias (907-960)
Dinastia Song (960-1279)
Dinastia Yuan (1280-1368)
Dinastia Ming (1368-1644)
Dinastia Qing (1644-1911)
República da China (1911 – após 1949, Taiwan)
República Popular da China (1949 em diante)

Sobre o autor

André Bueno é natural do Rio de Janeiro, Mestre em História pela UFF, Doutor em Filosofia pela UGF e Phd em História Antiga pela UNIRIO. Sinólogo especializado na China Antiga e no pensamento confucionista, atualmente é professor de Antiguidade Oriental na UERJ, e já traduziu Confúcio e Sunzi para o português, em versões muito bem recebidas pelo público.